脳の力が身を護る!

思考力で窮地を脱する護身道メソッド

日本護身道協会会長
時藤稔明

BABジャパン

はじめに

護身道は「脳力開発」の考え方を土台として作られた新しい武道、力の弱い女性や高齢者でも身を護ることのできる普遍性の護身術です。

創始者・城野宏先生が「護身道は単なる武道ではない。脳力開発をベースにした人間の生き方、指針になる〝人間学〟だ」と言われている通り、道場での稽古は当初「動作から学ぶ脳力開発」と位置づけられていたと聞いています。

脳力開発は、脳活動からの行動を観察することにより導きだされた法則をいろいろなことが起こる人生の出来事に応用して、前向きな人生姿勢になり、充足感をもって楽しく素晴らしい人生をつくりだす実践原理です。

以前、遠藤英夫先生（日本護身道協会元会長）のご指導で「脳力開発と護身道の関係」を整理しました。それ以来、城野先生の著書「脳力開発のすすめ」の中の法則を護身道の動きの中に取り入れたらどうなるかを検討してきました。その過程で日常の仕事や家庭、地域での活動での様々な問題に応用し、ずいぶん助けられました。その内容をまとめたものがこの本です。

とはいえ、護身道の第一の目的はいざという時に身を護ることです。

本書では護身道の基本的な技も紹介します。体力や筋力が弱い方でも誰でも身を護ることができるようになれば、いつも安心して堂々と生きていくことができます。
加えて、護身道では準備運動に「操体法」を行っており、操体で歪みを解消し、結果として肩こり等の不定愁訴が軽減されます。
護身道に取り組みますと、脳力開発の法則によりストレスから開放され、護身術を身につけ暴漢からの不安を解消し、操体で歪みが解消されます。精神的および肉体的な安定と自信を得て、安心立命の確保に繋がります。

脳力開発は言葉では簡単ですが、良い習慣への癖直しですので、日常生活で繰り返し、繰り返し実践し、脳力開発の法則を認識することが必要です。道場に通える方は、護身道の技を繰り返し行なうことで脳力開発の法則を体で覚え、良い習慣を身につけ、日常生活で活用して下さい。楽に楽しく生活されることを期待します。

２０１７年11月

日本護身道協会　会長　時藤稔明

目次

序章

“脳”が急場でモノを言う！

1 〝いざという時〟ってどんな時？

本書は「護身術」の本です。

ところで、皆さんは、護身術を格闘技や武術、武道と同じカテゴリーに入れているのではありませんか？

確かに、格闘技や武術、武道には護身術として使えるものが数多くあります。言ってみれば、格闘技や武術の中に「護身術」というジャンルが含まれている、と考えている方も多いかもしれません。

しかし、少なくとも本書で取り扱う「護身術」は、格闘技や武術とはまったく違う性質のものです。180度違う、と言っても過言でないくらいです。

いったい何が違うのでしょう？

例えば、誰かにナイフをつきつけられたとします。

素早く相手に目つぶしをして、ひるませた瞬間にナイフを叩き落とす。こんな対処法も浮かびますね。

しかし、これは言ってみれば格闘技や武術の範疇の対処法なのです。

相手が反応できないくらい素早くできるように、目つぶしの動作を何度も何度も練習します。練習して練習して、上達すれば、動作はより素早くなって、実際に使えそうなくらいになってくるでしょう。

しかし、もし本当に〝いざという時〟の相手が、こちらよりも素早い人間だったら？

目つぶしに伸ばした手をナイフで切りつけられてしまうかもしれません。

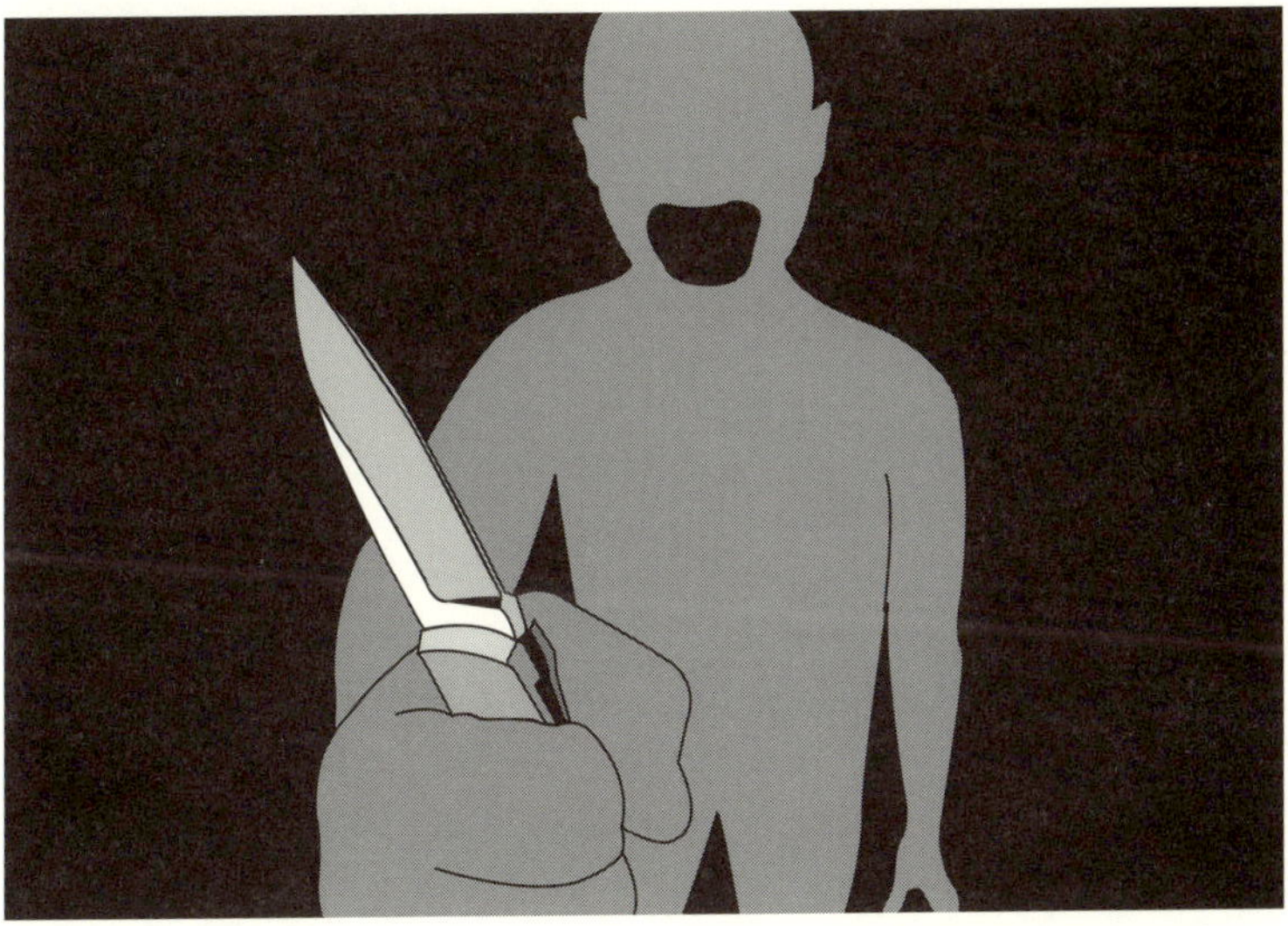

では、もっと速く動きましょう。〝反射〟や〝本能〟で動くのです。

危険な場面になったら、もう無条件に相手の目に向けて手が伸びるまで練習します。身体に覚え込ませるのです。〝いざという時〟に出くわしたら、無条件に目つぶし！　何しろ考える前に動くのですから、きっと相手より早く動けるはずです。

実際、格闘技や武術では、考える前に動けるよう、体に染み込ませるような練習をすることもあります。

しかし、よしんば相手をひるませられる位の目つぶしができたとしても、その瞬間に、自分の目には入っていなかったもう一人の仲間につかみ掛かられてしまうかもしれません。目つぶしが本当に相手の目に入って、結果として加害者になってしまうかもしれません。実はそのナイフは偽物で、あわてて大仰な対処をする必要がなかったかもしれません。

これが現実の危急の場というものです。繰り返し練習した素早い動作が功を奏するとは限らないのです。

格闘技や武術でそれらが有効とされるのは、実は〝戦う〟ことを前提としているからです。ここが、現実に必要となる「護身術」との大きな違いです。

現実の〝いざという時〟の選択肢は、〝即座に戦う〟だけではありません。〝逃げる〟はもちろんのこと、相手のナイフが偽物であることに気付けたら、それをそっと握ってにっこり微笑む、なんてのが功を奏すかもしれません。横から近付いてきていた相手の仲間に気付けたら、それを含み入れた慎重な対処ができるでしょう。相手が金銭目的であることがわかったら、お金を渡すのが一番安全な対処かもしれません。

そうです。本当の〝いざという時〟に必要なのは、状況をもれなく正確にとらえ、〝判断〟すること、すなわち、「考える前に動く」ことよりも「動く前に考える」ことが大事なのです。

2 視野を広くしてくれるもの

ナイフが偽物であることに気付けなかったのも、仲間が横から近付いてきているのに気付けなかったのも、それが見えていなかったから、つまり視野が狭かったからです。

この〝視野〟というのは、物理的な意味合いでなく、生理的な意味合いです。つまり、〝すぐ何とかしなきゃ〟と慌てていたから狭かったのです。すぐ何とかしないと切られてしまうかもしれない！そん

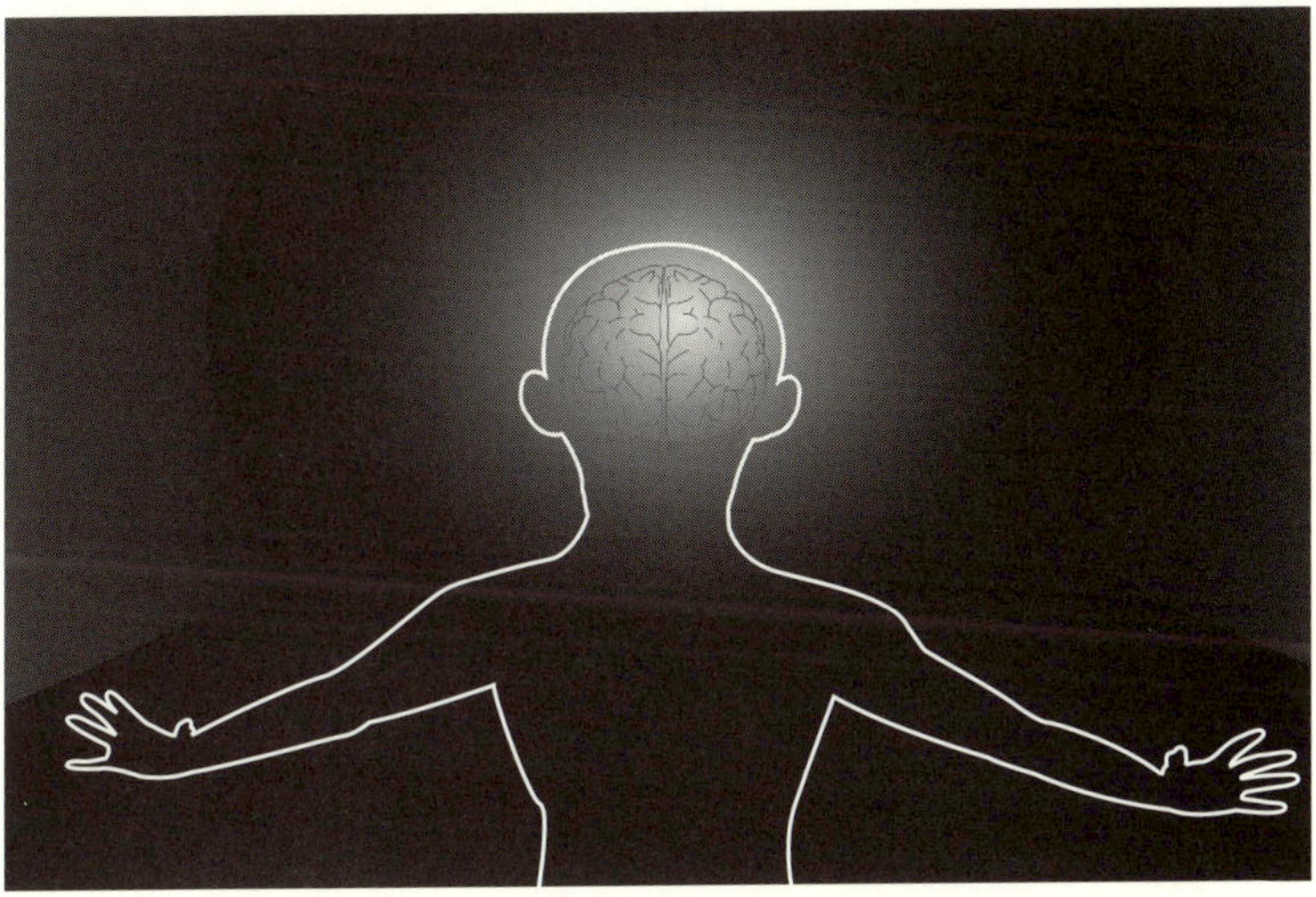

な所でしょうか。

この瞬間の心の中を文字にすれば、「うわ、ナイフだ！　何とかしなきゃ!!」です。おそらくそれ以外に大したことは浮かんでいません。誰でも、きっとパニックに近い状態に陥っているでしょう。

ここで、目つぶしに行くのでなく、〝考える〟のです。どんなナイフか、相手はどんな表情か、どんな服装か。周りにはどんな人がいるか……、そんな諸々に注意を向けているうち、見えていなかったものがどんどん見えてきます。つまり、視野が広がってくるのです。

本当の急場で必要なのは〝スピード対処〟ではなく、いかに状況を正確にとらえ、それに即した正しい対処ができるかです。〝脳〟を使うことなのです。

そんなこと練習のしようがない、とお思いかもしれませんね。護身術の練習はあくまで体を使うもの、だからスポーツよろしく、速さ、強さを上げるべく練習を重ねていく。

でも、脳だって身体の一部なんですよ。

護身道協会で行なっているのは、もちろん身体を使った稽古ですが、同時に〝脳〟をフル稼働させます。例えば、相手がナイフを右手でもってこちらに突きつけています。危機的状況！何とかしなきゃ!!にとどまらず、ここは〝脳〟を活用してみるのです。

相手がナイフを握っている、ということは、見方を変えれば、相手は右手がふさがっているのです。よって、そこを狙えば有効な対処ができる可能性があります。刃さえ避けられれば、相手の右手はとても不自由な状態にあるのです。

〝脳〟を活用し、見方を転じてみると、それまで見えてなかった部分が見えてきます。逆に言えば、〝脳〟が働かなければ、その場で本当に大事なものが、見えないままかもしれないのです。

これは、危機的状況でなくとも、本当に日常的な場面や仕事などでもそのまま言えることでしょう。

何も考えずに機械的に行動してしまうと、単純なミスを犯してしまいます。それは、慣れた場面ほど陥りがちな罠です。

人間は自然に行動を省力化しようとします。例えば、歩くのにいちいち〝右足を出しながら左手を出して…〟などとは考えません。同じように、仕事でも、できる限りルーティン化しようとします。放っておくと〝考えないクセ〟がついていってしまうのです。

本書でご紹介するのは、脳の活用を取り戻すこと、すなわち「脳力開発」です。

街中で突然出くわした危機状況を回避する、仕事で起きたトラブルを乗り切る、……これ、実は同じことなのです。

第1章

“脳”を働かせるってどういうコト？

1 〝本能〟がアダになる

夜に道路を歩いている猫が急に車のヘッドライトを浴びると、逃げるのでなく、その場で動きを止めて固まってしまう、という現象はご存知だと思います。その結果、ひかれてしまったりすることがあるのです。

このメカニズムには諸説あり完全には解明されていないようですが、概ね、とっさに視界が失われるような危機的状況には下手に動くと危険が増すため本能的に止まるのだ、というところのように思います。

実際、自然界において〝わけのわからない状態でやみくもに動く〟のが危険度を増す行為であることは多いでしょう。〝突然わけがわからなくなったら、止まる〟、それが脳の奥にインプットされていても不思議ではありません。考えてみれば、人間でもとっさに振りかかった危機状況に身がすくんで固まってしまう、ということが起こります。それも似たようなセンのような気がします。

しかし、それが最善策とは限らない、のが現実なのです。

猫だって、自動車という高速で移動する物体があり、それが危険であることくらいは認識できています。その証拠に、昼間ならばどの猫も例外なく忌避行動をとりますから。

問題は〝見えていない〟ということなのです。

人間でも似たようなことは起こりますが、夜の暗がりに行動する動物の目は瞳孔が開き、より多くの

光を感受しようとする〝高感度状態〟になっています。そこへ急に強い光を浴びると、視界は〝真っ白〟になって何も見えないのと同じ状態になります。おそらくこの時の猫には、視覚情報からはそれが「自動車が近づいてきている」とは認識できていないことでしょう。

あなたならどうですか？

視界は奪われてしまうかもしれません。しかし、

「エンジン音がするから、この光の向こうにあるのは自動車に違いない」

とか、

「今自分は道路を横断しようとしていた所だから、きっとこの光は近づいてきている自動車に違いない。もうすぐ横断し終える直前だから、前に動けば避けられそうだ」

などと、視覚以外の情報も総動員して推理、判断、行動することでしょう。

今、我々が生きているのは、本能的な行動だけで

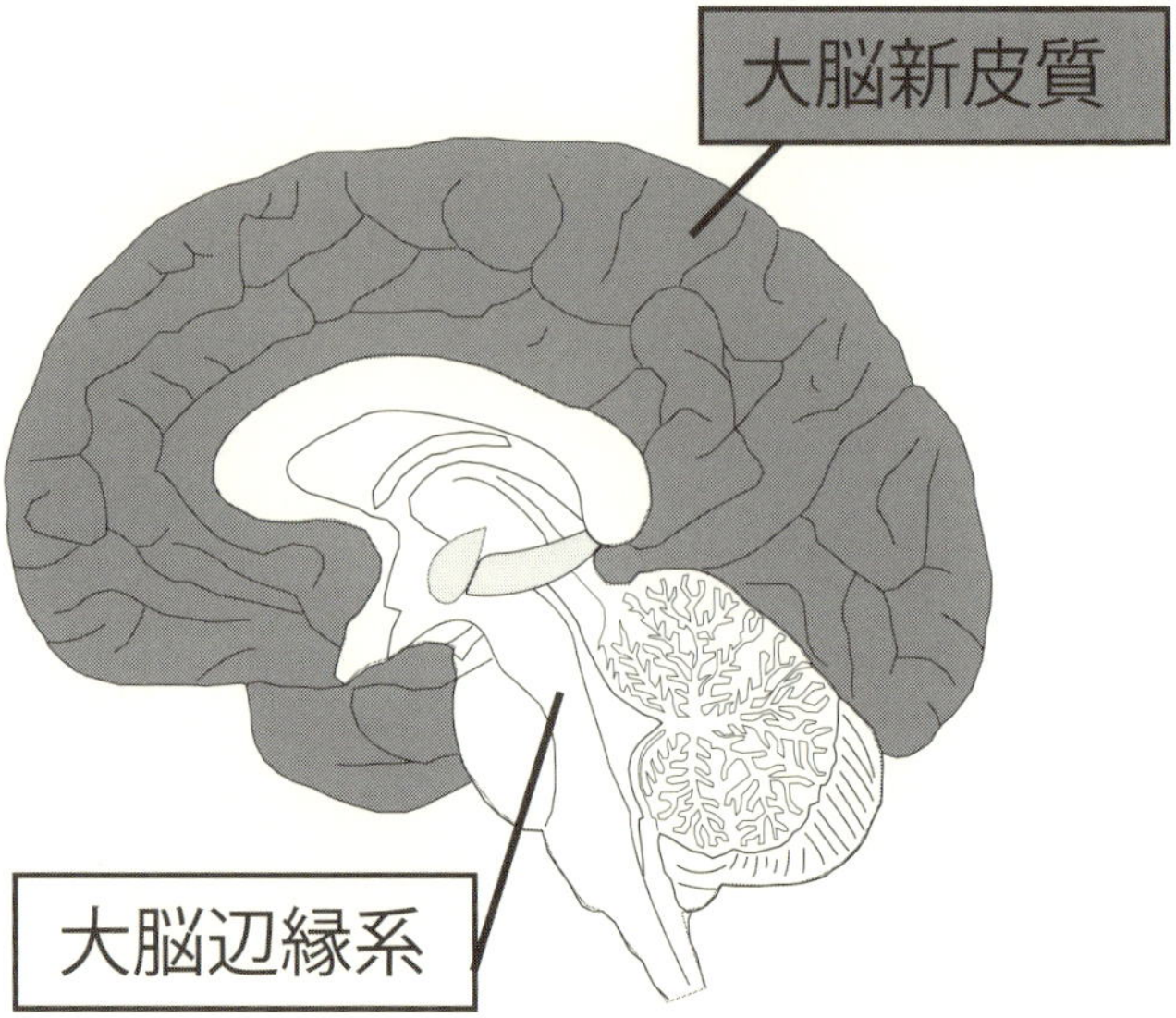

は回避できない、高度な危険が存在する世界になってしまっているのです。本能的な行動ではむしろ危険を増長させてしまうことも多いのです。

2 脳のしくみ

動物の行動、運動は、すべて脳が司っています。考えている自覚がなくとも、例えば食べ物を消化をする内臓も、脳の指令なしには動きません。消化活動を司っているのは、脳の中の方にある部分です。

大ざっぱに言うと、一番大きな大脳は中の方の「大脳辺縁系」と外側の「大脳新皮質」に分けられます。

内側の「大脳辺縁系」は本能的な部分を、外側の「大脳新皮質」は理性的、思考的な部分を担っています。

生物進化とともに、脳は内部分から外側に発達してきたと考えるとイメージしやすいでしょう。「大脳辺縁系」は魚にもありますが、人間の最大の特徴である、大きく発達した「大脳新皮質」は魚には非常に小さなものしかありません。

いわゆる私たちが〝思考する〟という時に働いているのは「大脳新皮質」です。

運動を単なる〝組織の動き〟と考えるならば、消化のためにする内臓の動きも、歩くためにする足の動きも同レベルです。どちらも〝思考〟などは経ずに行なえるものです。

しかし、組織の運動としてだけでは片付けられないのが、人間の「行動」というものです。それをより正しく導く役割が「大脳新皮質」にある、と考えて下さい。

さて、あなたは「大脳新皮質」を使わずに、行動したりしていませんか？

❸ 頭が〝真っ白〟になった時

例えば、招かれた知人の結婚式でスピーチをしなきゃならなくなった、なんて場面を想像してみて下さい。

自分はスピーチなんざお茶の子さいさいだ、などという人はいいですが、だいたい皆さん、緊張しますよね。

前日にさんざん練習したにもかかわらず、いざとなったら頭が〝真っ白〟になってしまって言葉が全然出て来なくなった、なんていう経験は誰にでもあるでしょう。出てくるのは冷や汗ばかり。過ぎるのは時間ばかり。そんな時間の長いこと！

そんな時、脳はどんな状態になっているのでしょうか？　〝真っ白〟になった、というと、急に電流を流し込まれたようなショック状態をイメージしてしまいますが、実はそんな大層なものではありません。脳は単に働いていないだけなのです。

働いていないのだから、いくら唸りながら冷や汗をたらしていても、言葉など浮かんで来るはずがありません。

どうすればいいのでしょうか。…落ち着けばいい？

よく言われることですね。緊張している自覚があるものだから、とにかく「落ち着け。落ち着け」と自分に言い聞かせる……なんてことをしても、本当に落ち着けるはずがないのです。

〝落ち着く〟ってどんな状態でしょう？　〝緊張している〟ってどんな状態？

大体の人は、緊張すると、心臓がドキドキします。心拍数が上がるのです。

ドキドキしてくると、それ自体が自覚できる現象なものだから、「ああ、ドキドキしてきちゃった……落ち着かなきゃ！　ドキドキを鎮めなきゃ!!」と考えるようになります。でも、勝手にドキドキしてきたものを、そう簡単に鎮めることなどできません。すると余計あせりが生じてきます。悪循環です。

こんな時によい方法があります。「大脳新皮質」を働かせるのです。要するに〝思考〟するのです。

そんな大層なことを考える必要はありません。そもそも、先ほど述べたように、〝頭が真っ白〟なのは脳が働いていない状態ですから、そんなにすぐに稼働してはくれません。

「状況をとらえて認識する」だけでいいのです。

「奥のテーブルは全然こちらに注目してくれてないな」とか、「あのウェディングケーキは見たこともないくらい大きいな」とか、本当に、その場でみてとれる状況をそのまま認識するだけでいいのです。

するとさらに、「ああ、奥のテーブルは、おしゃべりでその名を轟かせた新婦の同級生グループじゃないか。人の話なんか聞くはずもないな」とか、「いや、よく見るとあのケーキは大きいだけで、実はずいぶんチャチな作りだぞ」とか、それまで全然みえていなかったことまでもがどんどんみえてきます。大脳新皮質が働き始めたのです。

そうなればしめたもの。そのうち〝あ、思い出した！〟となるもよし、〝ちょっと思い出せそうもないな。このまま黙ってるのも大事故だから、この沈黙を活かして何か別の上手いこと言ってやろう〟とか〝あのおしゃべりグループをいじったら絶対盛り上がるぞ〟とかと新たな対処法が浮かぶもよし、きっとこのピンチが乗り切れるはずです。

もしかしたら、それでもまだ心臓はドキドキしたままかもしれません。でも、そんなのは、どうでもいいのです。あなたはもうある意味〝冷静〟と言っていいのです。だって、この急場に対処できる状態に、なっているではありませんか。

4 脳の使い方

いざという時、人間が〝フリーズ〟してしまう原因は、おもに脳にあります。よって、脳をいつでも働かせられる人は、いざという時、何とかできる人なんです。

…これ、どうですか？「大勢の人の前でもスピーチできる」とか「突然襲いかかられても対処できる」などと言うとずいぶんハードルが高い感じがしますが、脳さえ働かせられれば、となるとけっこう簡単に思えてきませんか？

護身術においても、この〝脳の働き〟がモノを言う、ということに気付いていない方は意外に多いのではないかと思います。

例えば、序章にあげたような、ナイフを突きつけられた場面で、ただ「ナイフだ！危ない！刺されたら死んじゃう！」だけでなく、他の物の見方、考え方ができるか、その発想の自由さ、柔軟さこそが大事なのです。

ナイフをもう少し進めてみましょうか。

ナイフをこちらに突きつけた相手は「金を出せ」と言いながら、反対の手でこちらの胸のあたりをつ

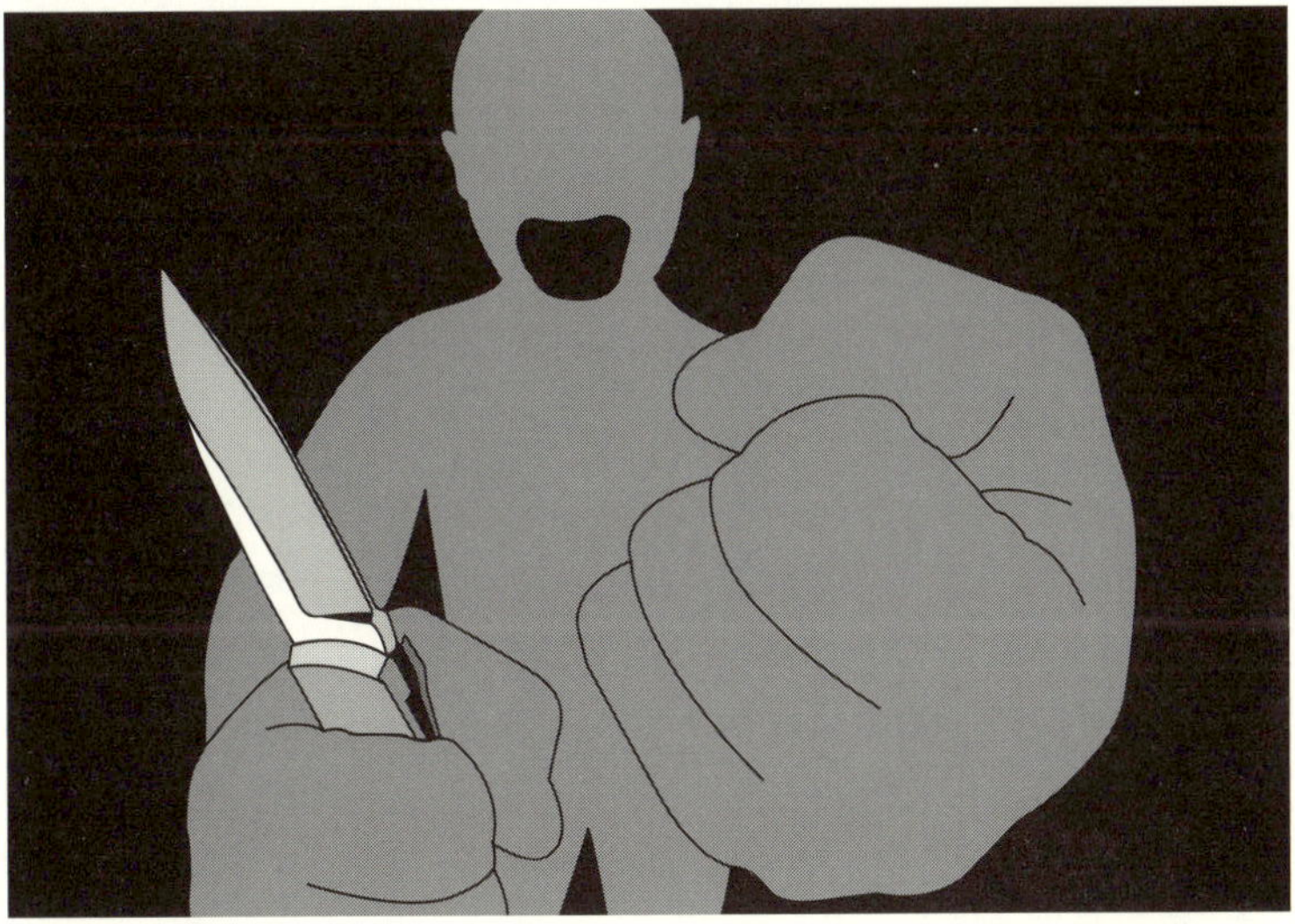

かんで押し込んできました。いよいよ威圧感も増して、怖い感じです。

危機は増しているでしょうか？

表面的にみればそうとも言えるし、違った見方をすればそうでもない、とも言えるのです。表面的な見方しかできないで、萎縮してしまっては駄目です。

〝手掛かり〟は増えているのです。

一つ、これは本書全体を通じて何度も登場するポイントなので、ぜひ覚えておいていただきたいことがあります。

それは、〝相手の立場に立って考える〟ということです。

相手はナイフで切り付けるのでなく、反対の手でつかんできました。切り付けるのが第一目的ならば、こんなことはしません。むしろ「できれば切り付けたくはないと思っている」ような気配もうかがえます。「金を出せ」とも言っています。それはきっと本当でしょう。金銭を手に入れたい側に立って考えてみましょう。殺してしまって金を得る、という方法もありますが、大金を運んでいるという前提の相手ならまだしも、一般人が持ち歩いている金額なんてたかが知れています。そのために傷害罪、殺人罪を犯すなんてどうにも割が合いません。それよりも、素直に金を差し出してくれることを望みますよね。

でも、あなたはそんなすぐには金を差し出さない。そこで〝つかみ押し込み〟で揺さぶりをかけようというのです。

相手の立場に立ってみればわかりますね。別に押し倒して存分に刺そう、という訳じゃありません。威嚇です。なかなか金を差し出さない相手に、さらに強い恐怖を与えて督促するのです。

さて、序章のナイフだけの段階では不自由なのは右手だけでしたが、左手でつかんでくることによって、いよいよ相手は両手がふさがってしまいました。

グッと押し込んできました。そんな相手を確実にコントロールするにはどうしたらいいでしょう？押し込まれないように踏ん張る？

誰もが無意識にそうしてしまうと思いますが、頑張って踏ん張れば踏ん張るほど、相手はやっきになるでしょう。逆上させてしまうかもしれません。

ここは〝押されるがまま〟にするのが、一番確実、思い通りに相手をコントロールできる方法です。

〝両手がふさがっている〟相手は、それ以上何をしてこれるでもなく、こちらのする何かに対応することも難しい状態にあります。すなわち見方を変えれば、これはチャンスなのです。

具体的な技術は後章に譲りますが、ここで強調しておきたい、護身に欠かせない重要なポイントは、このようにいかに柔軟な思考、発想ができるか、なのです。

〝柔軟な思考〟と聞いて、体操選手が１８０度開脚をやるような、そんな柔軟さを想像しないで下さい。そんな特殊な能力ではありません。思考の柔軟さとは、いかに思考に〝かせ〟がないか、というくらいのことなのです。

護身道は。その柔軟さを養うもの、だから「脳力開発」なのです。

柔軟な思考は、そのまま生活に、仕事に応用できるものとなるはずです。

例えば仕事で企画を立てる時、似たようなものばかりになってしまっていませんか？ 自分の得意なもの、やりたいもの、というのでなく、消費者側・受け手側の立場に立ってみることは、どんなジャン

左手でこちらの胸をつかんで押し込んできた、その力に〝押されるがまま〟にすると、確実にコントロールできる。

ルでも大事なことですよ。

町内会が年寄りばかりになってしまいました。活気がなくなる？　いやいや、高齢者ならではの豊かな経験をそれぞれみんな活かして融合させたら、むしろ今までより有機的で面白い町内会にできるかもしれないじゃないですか。え〜！そんなことやってたんですかぁ!!なんて驚きの過去を、きっと皆さんお持ちですよ。

自分が言った言葉で、思いがけず相手が不機嫌になった、などという時、自分は悪気がある事は言ってないからと、頑なな態度をとったりしていませんか？　本当に相手の立場に立ってみたら、自分のどんな言葉がどんな風に不快だったのかがきっとわかると思いますよ。

好きな異性ができた、けれども自分とはあまりにも〝身分〟が違いすぎるから相手にされる訳ない、とあきらめてしまったりしていませんか？（〝身分〟が意味するところ、というのもいろいろありますが）相手の立場に立ってみればわかりますよ。あなたは〝身分〟で人を好きになったりしますか？

私たちは無意識に、発想・思考の中に「〜なはずだ」「〜に違いない」といった〝かせ〟をはめてしまっています。これによって考え方が制限され、行動も同じように制限されてしまっているのです。

〝かせ〟をはずしましょう。

本書でご紹介するのは身体を動かす中で、それをする練習なのです。

第2章

弱い者が勝てる力学

― 姿勢と動作 ―

護身道は力の弱い女性でも中高年でも誰でもできる、普遍性の武道です。ですから体格、筋力やそれによる大きな力に頼ったものではないのですが、それだけに、小さな体格や筋力が乏しくとも、その身体を最大限に活用するという体の使い方は不可欠です。一見、力が弱そうに見える者でも、その身体を最大限に活用して、意外に大きな力を発揮する、これは急場で非常に大きな武器となります。

力の弱い方でも強い力が出る体の使い方をマスターすると、緊急事態が起きても落ち着いて対処できると思います。

護身道における、強い力を出す体の使い方は「肘と膝の三角形の頂点」「鍵手」「体重活用」「テコの原理」などです。

1 肘と膝の三角形の頂点――届かなそうなところが一番使えるという意外性

打撃を相手に効かせなければならない、という場面を考えると、思い浮かぶのはまず〝拳〟でしょうか？しかし、武道で突く拳は相当の修行を積まないと、一撃で倒せるようにはなりません。ましてや力の弱い者が強い者に対して使うとなると、まず、実戦で効かせることは無理だと考えた方がいいでしょう。それでも、ちゃんと効かせられる方法はあります。そのための基本的なコンセプトは「相手の弱い部分をこちらの一番強い部分で突く」ということです。

誰でもできる護身道では、鍛えなくても打撃の効果がある肘と膝の三角形の頂点を使います。

肘と膝は、人体の中でも肉が薄く固い部分です。さらに、腕や足で三角形を作ると、その頂点となる

打撃には〝三角形〟の肘と膝

腕や足で〝三角形〟を作ったその頂点の肘・膝は、この上なく固く強い武器となる。頂点に神経を集中させて使う。

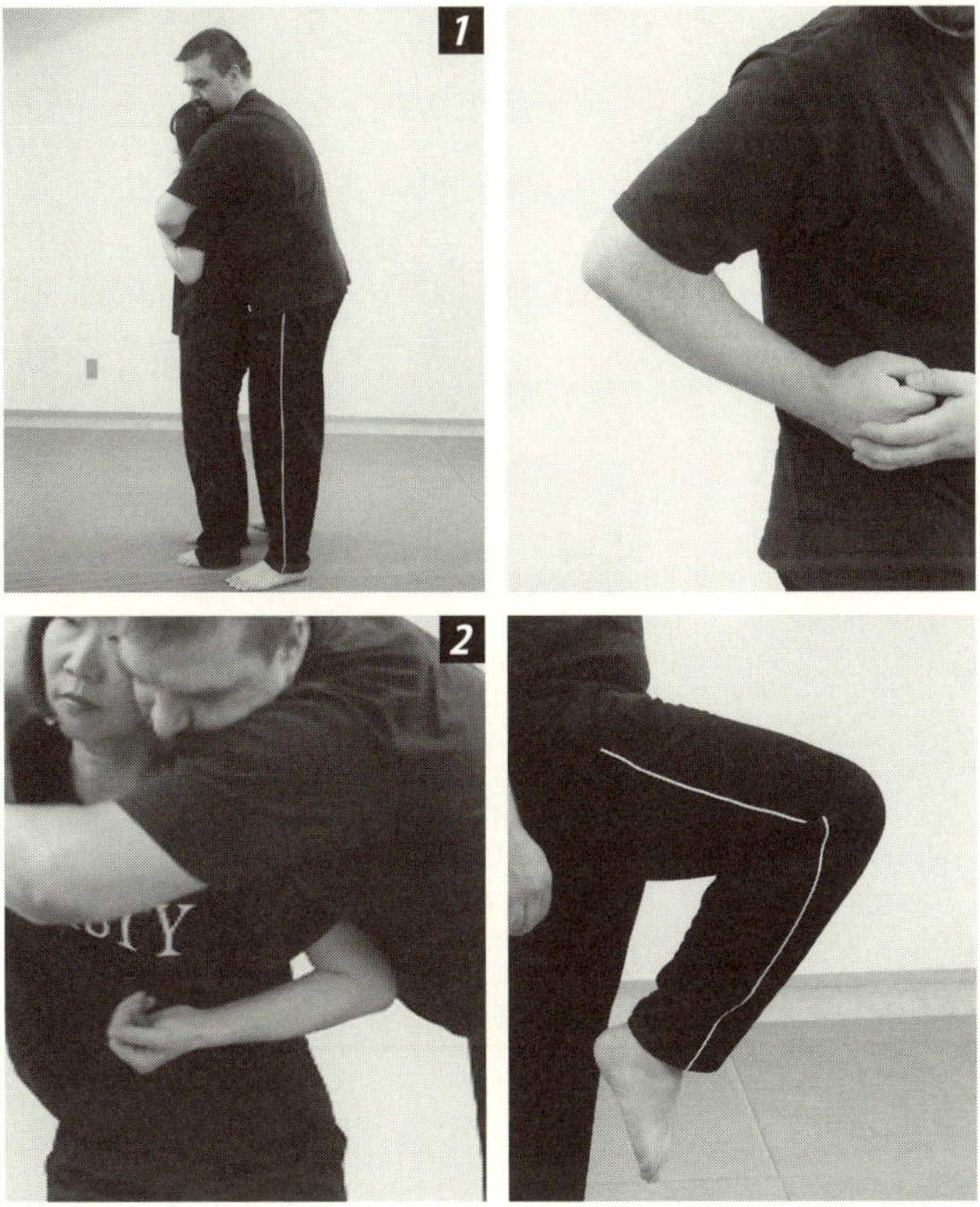

肘、膝は鋭く尖り、かつ非常に強い状態になります。

肘や膝を使う時、大切なことは体を安定させることと三角形の頂点に神経を集中させることです。

格闘技で考えると、肘や膝を当てるのは手先や足先に比べて著しくリーチが短くなるので、当てるには技術と修練が必要です。でも、嫌でも相手が近付いて来てくれる護身術の世界では、初心者でも使いやすい部分なのです。また、抱きつかれたりしている、近接距離では、パンチやキックなどは使えません。肘や膝の方が役に立つのです、

鍵手——力学的に強い手の形

手首を直角に内に曲げた〝鍵手〟。
伸筋を伸ばすことにより全身が繋がり、大きな力を生み出しやすい状態になる。
つかまれた場合、その力を弱める効果を持つ。

鍵手の構え

上の手で目をかくし、両掌を水平下向きに構える。両手の間にあえてスキを作り、攻撃を限定させている。

2 鍵手《かぎて》—一見弱そうな手の形が一番強いという意外性

護身には、とても特徴的な手の使い方があります。それは「鍵手《かぎて》」と呼んでいるものです。

上掲写真のように、手首を直角に内に曲げる、というものですが、あまり他の武術や格闘技には見られない形です。そんなに勇ましくは見えませんよね。

それは、護身道の構えにはまったく〝攻撃〟が含み置かれていないからです。

素早く先制攻撃する、というような考えがないため、防御に徹し、体が最も強く働く形として編み出されたのがこの鍵手です。

鍵手には次のような効用があります。

① 伸筋を伸ばすことにより、肩の前の力みがなくなりリラックスし、かつ全身が繋がり体の中心からの力を手首に伝えることができる。これによって楽に相手を押すことができる。
② 手首をつかまれた場合、鍵手にすることにより相手のつかむ力を弱めることができる。

前ページ図左が、護身道の〝鍵手の構え〟です。先述の通り、攻撃には向きませんが防御を考えるとこの上なく力を発揮する構えです。

上の手で自分の目を隠します。これは相手に自分の目をさとらせないという意味があります。もうひとつの意味は、自分自身の視野。例えば相手がナイフで突いてくるとき、ナイフにとらわれずに相手の体全体を見るようにしますが、初心者はすぐにはできません。自分の視野の中心部分を塞ぐことにより、必然的に全体を見ることになり、体の感覚が研ぎ澄まされることになります。そうすると相手の体の始動が分かり余裕を持って対応できるようになります。

一見、両手の間にスキがあるように見えますが、これは意図的なものです。相手の攻撃に対してわざとスキを作ることにより、攻撃の箇所を限定します。そのように攻撃をリードすることで「主導権」を握ります。有利な条件を自ら作るという「主体性」の法則です。

鍵手は護身道の特徴の一つです。相手のつかむ力を弱めたり、こちらの力を有効に出したりするのに効果的です。いろいろな技で使いますのでしっかり身につけましょう。

相手を押す時に鍵手を用いると、全身の力が手に集中し、より大きな力で押し込むことができる。（前ページ①）

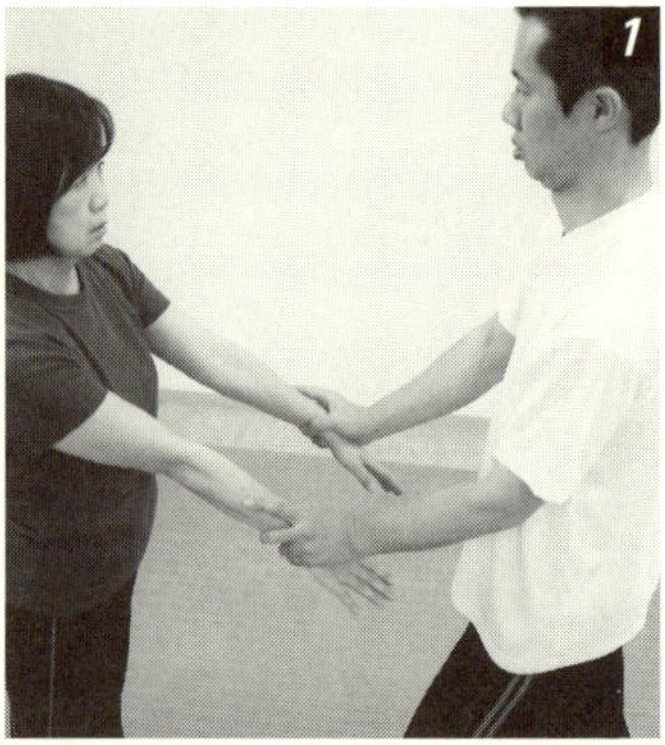

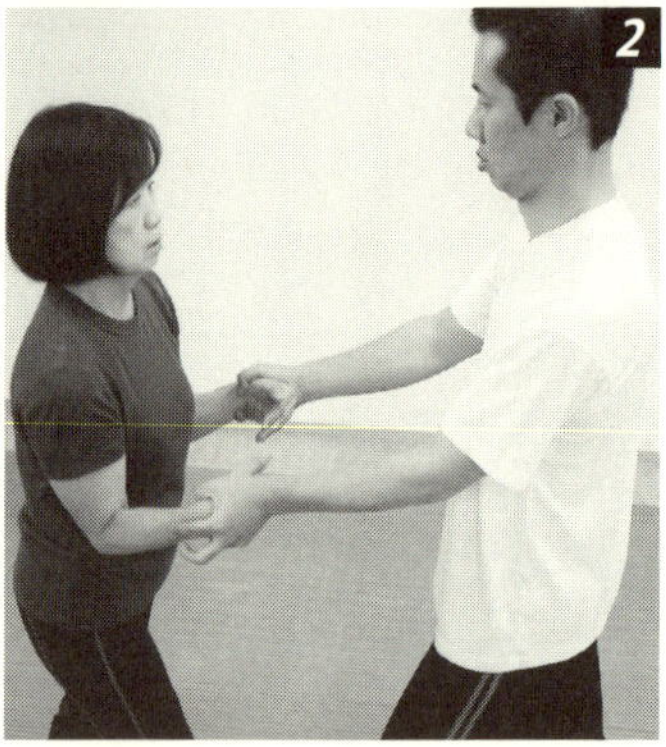

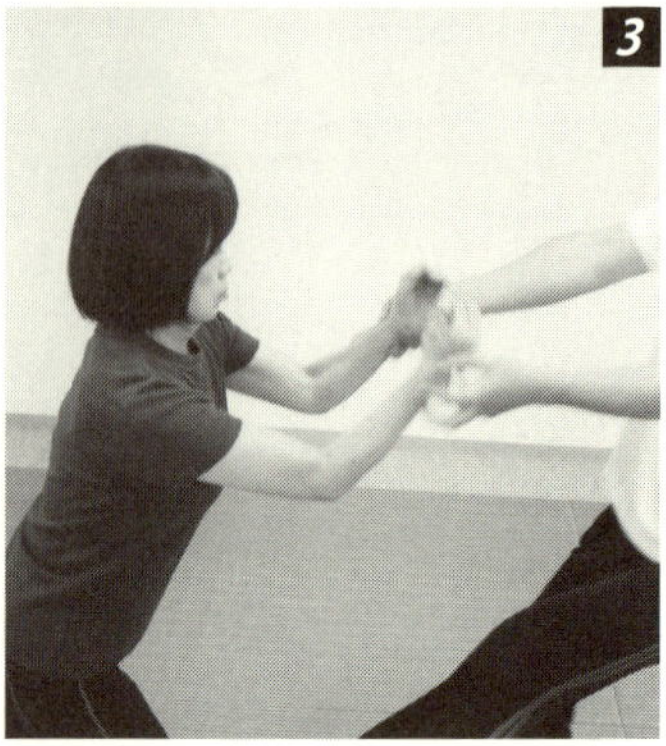

相手につかまれた瞬間にその手を鍵手にすると、相手のつかむ力を弱め、コントロールしやすくなる。（前ページ②）

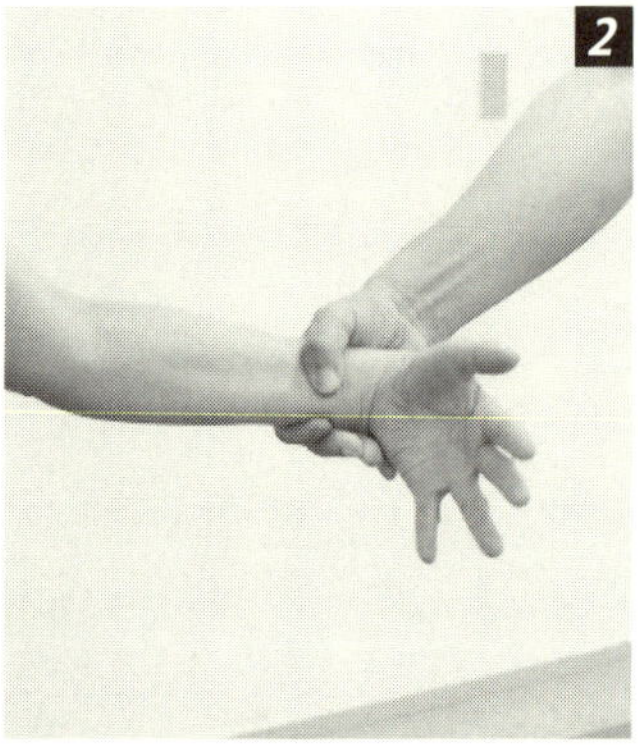

鍵手の構えの作り方

1

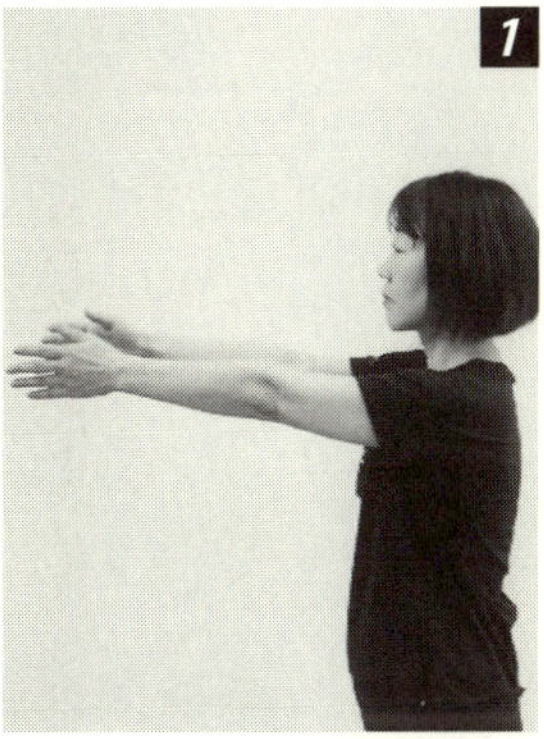

両手を前方に伸ばす。

2

肘を90度曲げ、手を上にする。

3

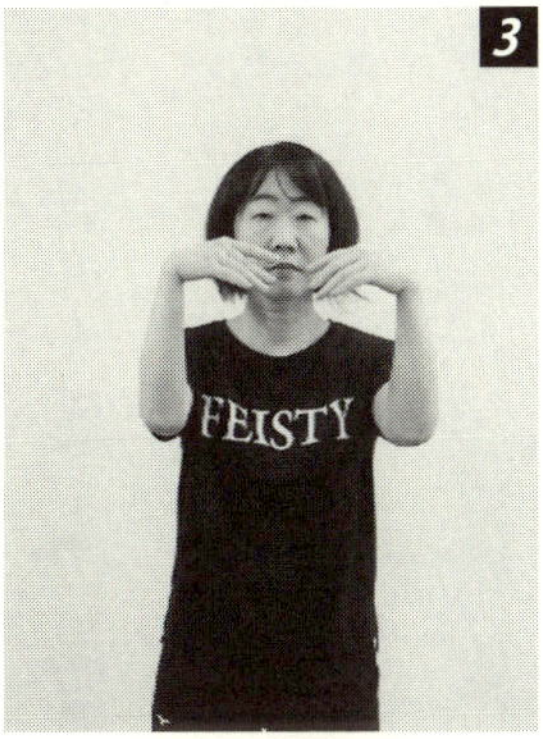

手を落とすようにして鍵手を作る。手首と指に力を入れず、手首の丸いところに意識を集中。

4

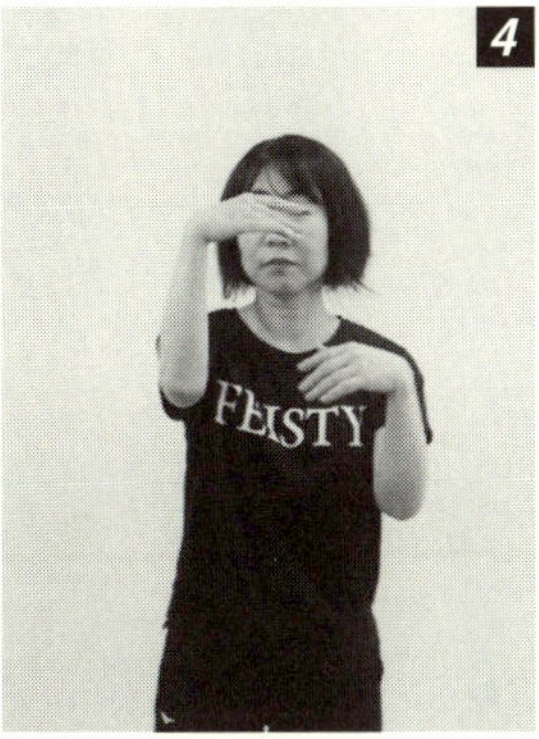

脇を軽く締めて、右手は目の前に、左手は右手の肘の高さにして構える。

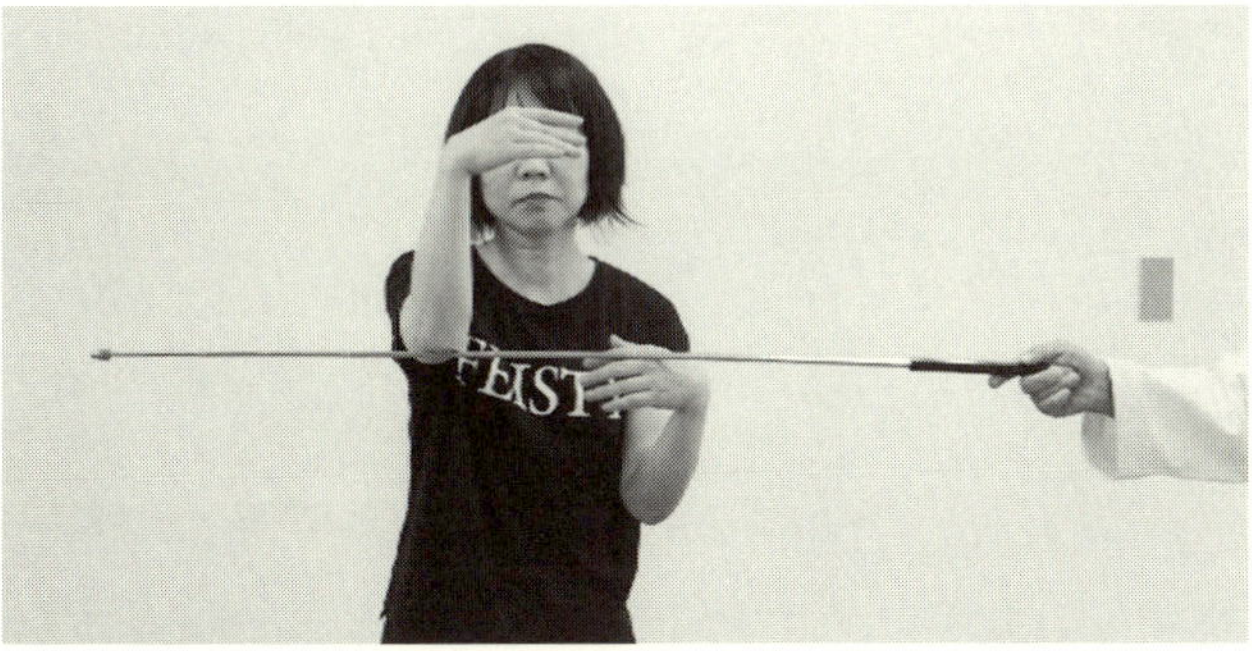

構えができたら、横から手の位置を確認してもらう。上の肘と下の手が同じ高さになるように。

立ち姿勢〜鍵手の構えの作り方

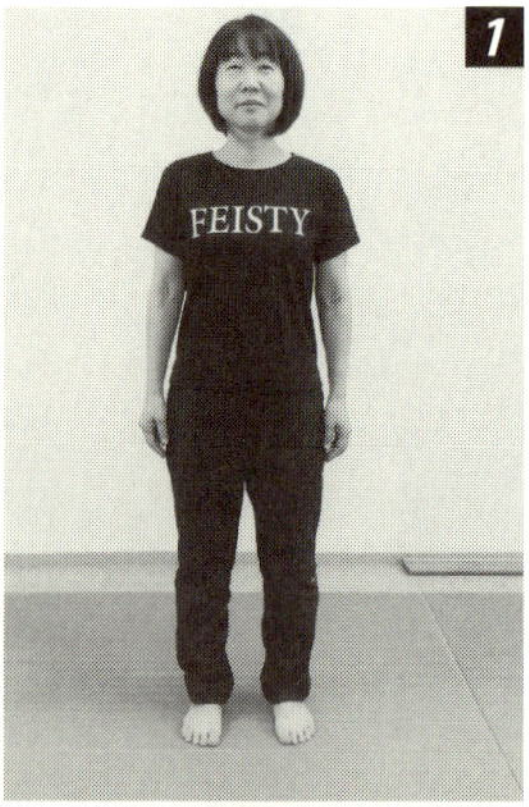

1 両足を拳2つ空けて平行立ち。（自然体）

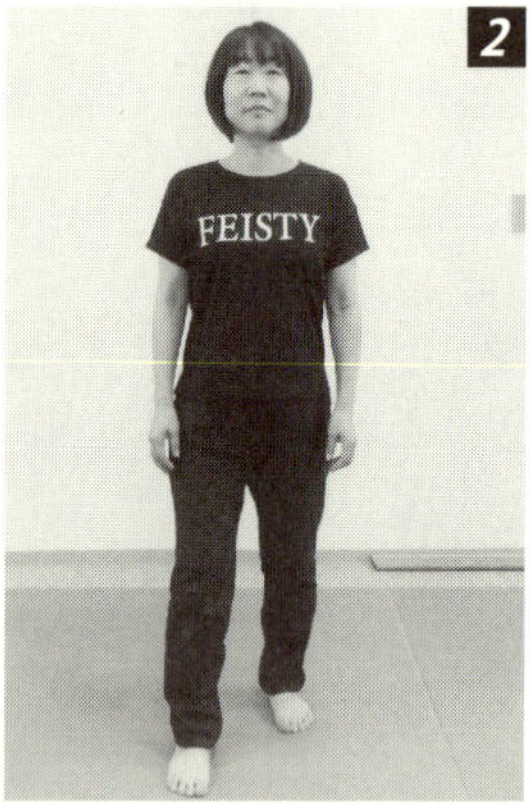

2 右足を一歩出す。

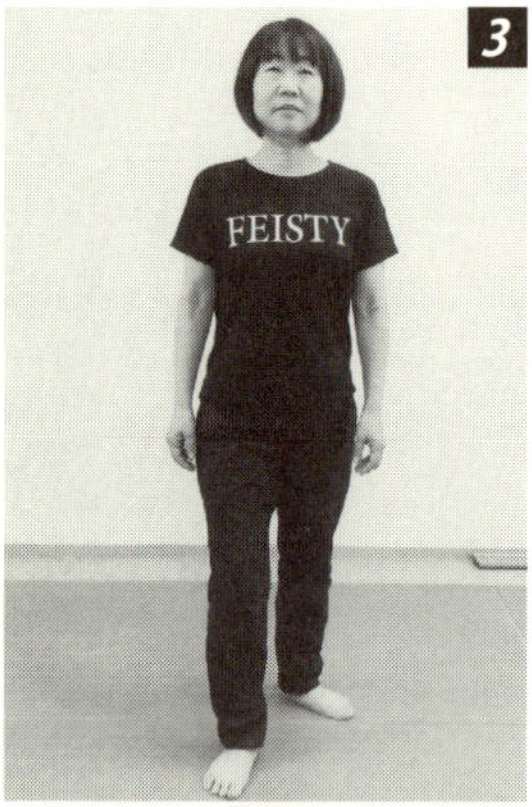

3 左足を45度に向ける。（半身体）

4 両手を〝鍵手〟に構える。

〈立ち姿勢〜鍵手の構えの作り方〉

姿勢には自然体と半身体の2つあります。

自然体は、写真1のように拳2つの腰幅に開いた足を平行にしてゆっくりと立ち、膝はゆるみをもたせます。深く吸い込んだ息を大きく口から吐き出しながら、肩を脱力させ、重心をへその下の「丹田」（へそ下三寸の高さで、腹の中央）に収まるようにしますと落ち着きを得ます。これが安定した自然体の姿勢です。大切なことは、自然に体が脱力され、いつでも自由自在に動きを転換できる姿勢であることです。
半身体は、写真2～3のように自然体から腰幅に一歩足を出し、後ろ足は拇指球を中心に踵を内側に45度ひねります。
これが安定性と動きやすさを両立する基本の立ち方です。

〈安定度チェック〉

護身道の全ての構えや動きは丹田を意識して行います。丹田を意識して、手先や足先はリラックスさせるようにすると、それだけで全身が安定して動けるようになります。
正しく動いているかどうか、安定度をチェックします。安定した良い状態を、脳と体に記憶させる事が重要です。

(例)

① 鍵手の構えをとり、手の甲や肘を上下左右に押して安定度をチェックします。力んでいると、ある特定の方向に弱さがあることがわかります。
ガッチリと腕や胸、肩に力を込めた方が強い状態になる、と思っている人がほとんどだと思います。でもそれは〝思い込み〟で、実際は違うのです。

② どちらの方向へ移動する時にもその動作中、常に安定度が維持されていなければなりません。胸・背中などに手を当てて負荷をかけ、スムースに動くことができるかどうかをチェックします。
手を当てられると、どうしてもその手の力に逆らって押し込もう、と意識してしまいがちです。する

と、その当てられた手のあたりを力ませてしまいがちです。

ここで行なおうとしているのは〝安定性のチェック〟であって、力比べではありません。当てられた手とケンカする必要はないのです。当てられた手でなく、丹田を意識し、バランスのとれた状態を考えると、実際強い力で動けるようにもなり、スムースに安定してきます。

ほら、人間の身体や動きって、脳でコントロールできるでしょう。

この感覚を忘れないで下さいね。

安定度チェック① 鍵手の構え

鍵手構えの手の甲や肘を上下左右に押して安定度をチェックする。

安定度チェック② 移動力

どちらへ移動するにも、常に安定度が保たれているかを胸・背中・肩等を押さえてもらうことでチェック。

ここでも、先の鍵手の時と同様に丹田を意識して、他はリラックスするようにすると安定度は保たれる。

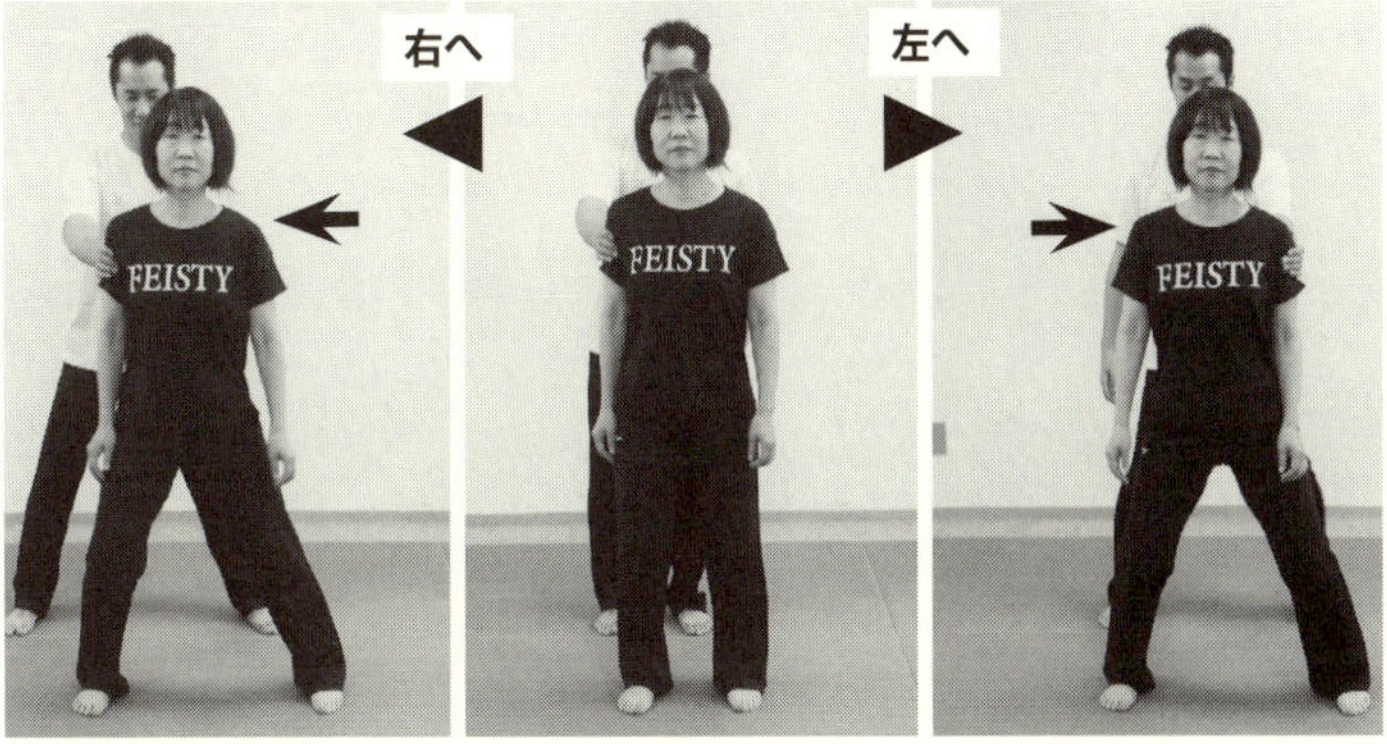

実際の防御動作による強度検証

相手がフックを打ってきたところ、両手を鍵手にして、斜め上前に出す。自分の体勢が崩れないように、打ってきた側の足を一歩踏み出す。手首の膨らみを意識し、そこを前に出すイメージで行なう。打った側は痛いが、受けた側は痛くない、という防御になれば成功。

1

2

〈実際の防御動作による強度検証〉

鍵手が強い、と言ってもただ手首を曲げただけじゃないか、とお感じの方もいらっしゃるでしょう。そこで、実際に相手の攻撃に対して防御動作を行ない、その強度を検証してみます。

相手がフックで顔の横を殴ってきたら、両方の手を鍵手にして斜め上前に出します。自分が崩れないように片足も前に出します。

◎ポイント

手首の膨らみを意識しそこを前に出すイメージで行ないます。気持ちが自分の中に閉じこもったままでは、鍵手が顔のところで止まり、さらに鍵手が弱いのでフック打ちが顔に当たります。

こんなんで本当に受けきれるんだろうか、と不安に感じているうちは、なかなか気持ちが外に向かいません。でも、やっているうちに、リラックスした方が身体は強い状態になる、ということが、まさに体をもってわかってきます。

筋力で頑張る必要はない、とわかったら、より一層リラックスできるようになってくるものです。

❸ 体重活用 ― 重さが力になるという意外性

体重50キロの人、というと人間界では華奢な部類に入りますが、仮に50キロの重さの鉄球がゴロゴロと転がってきたらどうですか？　それはちょっと逃げ出したくなるくらいの移動力です。ましてやそれが〝落ちてくる〟となったら、数センチのことでも、半分の重さの25キロでも、もはや抗《あらが》えないでしょう。

現代の人間は、この地球上での活動に意外なほど体重というものを活かせていません。それとは無関係に、独立して手足の筋力を稼働させて、大きな力を生み出そうとしているのです。

体重を運動に活かすことができれば、華奢で筋力がない人でも、大きな人に負けないくらい大きな力を生み出すことができます。

体重を活かすには、まず、脱力が上手くできていないと駄目です。

まずはこんな稽古をやってみましょう。

掌底当ての基礎稽古 — 脱力の練習1

鍵手にしながら振り上げ、力を抜いて、

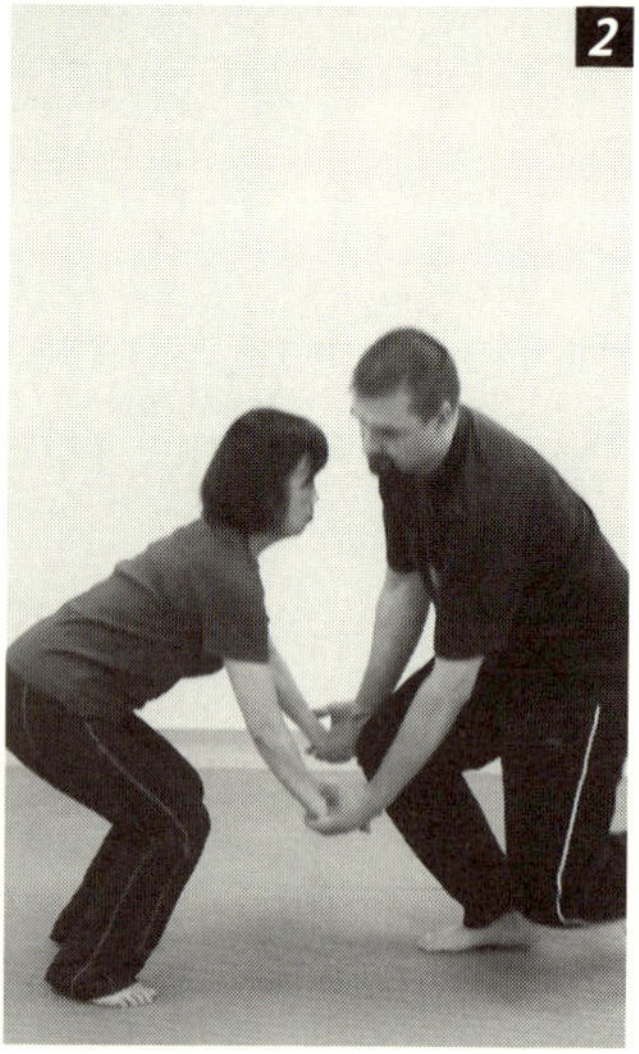

相手の掌の上に下ろす。上手く脱力できていれば、相手は腰から崩れるほどの力を受ける。

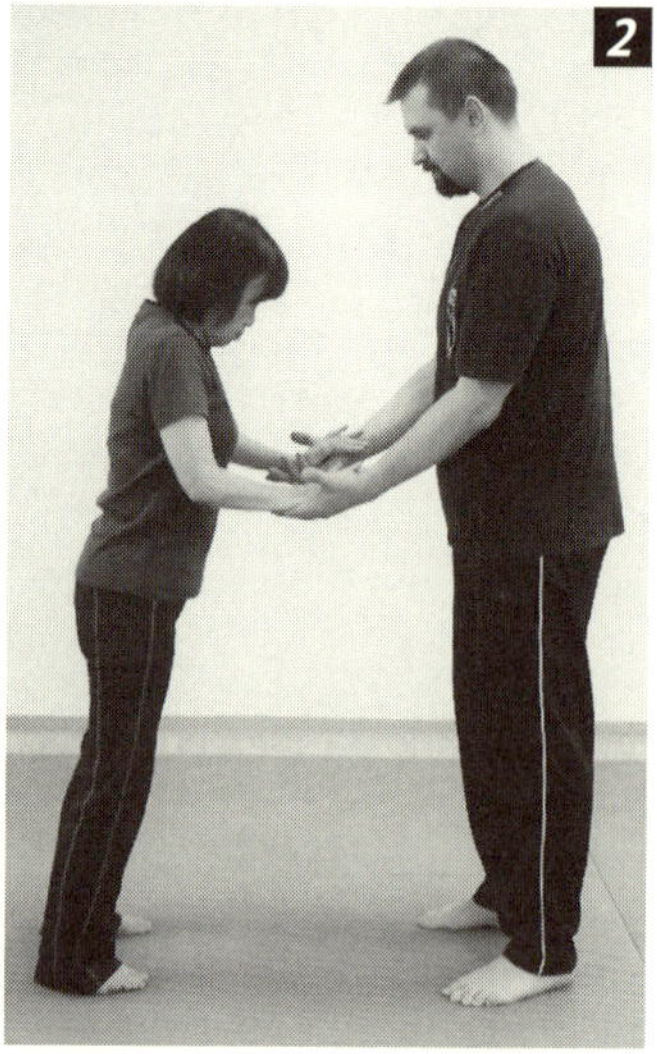

脱力できず腕の筋力で下ろそうとしても、相手ははビクともしない。

〈掌底当ての基礎稽古〉

① 向かい合った相手に、両掌を上に向けて差し出してもらう。
鍵手になりながら両手を振り上げ、脱力して両腕をその重みに任せて落っことすように下ろす。

② 脱力できていれば、体の重みが力となって相手の両掌にかかり、腰から崩すほどの衝撃を与える。

最初はどうしても上手く脱力できず、腕の筋力だけで振り下ろそうとしてしまいます。そうすると、大した力は生まれず、相手はビクともしません。

例えば、こんな風にも考えられます。〝腕一本〟のパーツ重量は個人差はあれど、華奢な人でも３～４キロはあります。３～４キロもある鉄球を２個落っことされたら、ちょっと大変な事になるでしょう。

でも実際はどこかが力んで固めているので、〝自然落下〟ほどに自然な運動にはなっていないのです。

余計な仕事をするよりも、〝ただ落っこちるだけでいい〟のです。実際、こう考えてやると、かなり脱力しやすくなってくると思います。

人は長年生きてきた過程の中で、いろいろなことを学習します。それらは、無意識のうちにその人の行動を制限してしまっています。相手の両掌に手を下ろして、その相手が腰から崩れるほどの大きな力を与えなければならない、となると、腕の力を目一杯使って振り下ろさなきゃ、と無意識でもそう動こうとしてしまう訳です。でも、それが最大効率のはず、というのは〝思い込み〟です。その〝思い込み〟を脳の働きで払拭することもできるのです。考え方を変えてみる、それが本書でおすすめしたい脳の仕事の一つです。

相手が驚くほど大きな力が生まれるまで、トライしてみましょう。

脱力が上手くできるようになると、筋力を使うことなく、いろいろな〝技〟ができるようになってきます。今度は少し〝技〟らしいものをやってみましょう。

〈手をつかんできた相手に対する抜き技〉

① 相手が手首をつかんでくる。

② つかまれた手を鍵手にしてコントロールされてしまうのを防ぎ、

③ つかまれた手首が近くなるような位置に体さばきし、

④ 股関節をゆるめて体を沈めつつ全体重を手首に乗せる。大きな力が生まれ、相手は手を離さざるを得なくなるか、体を崩す。

下方向片手を取られた時の抜き技では、次ページ写真3のように体さばきで自分の有利な位置に動き、さらに左足に重心移動して全体重が手首に乗るようにして、股関節と膝をゆるめ、抜きます。

相手を下方向に崩したり、下方向に腕を抜くときは写真4のように、ポンプを使って自転車の空気を入れる時の位置まで、手首に体重が乗る位置まで重心を移動し、空気を入れるように体を沈めます。写真2のような位置では空気を入れませんよね。空気を入れるときは、自分の体のできるだけ近くで、上半身の力では押さずに、下半身をゆるめて体重を乗せて空気入れを押します。その感覚で下へ押せば強

抜き技 ― 脱力の練習2

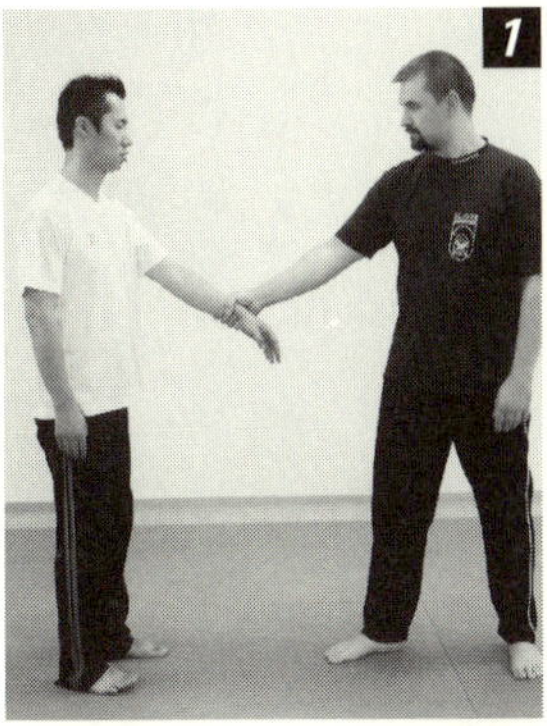

相手が左手首をつかんでくる。

つかまれた手を鍵手にして、

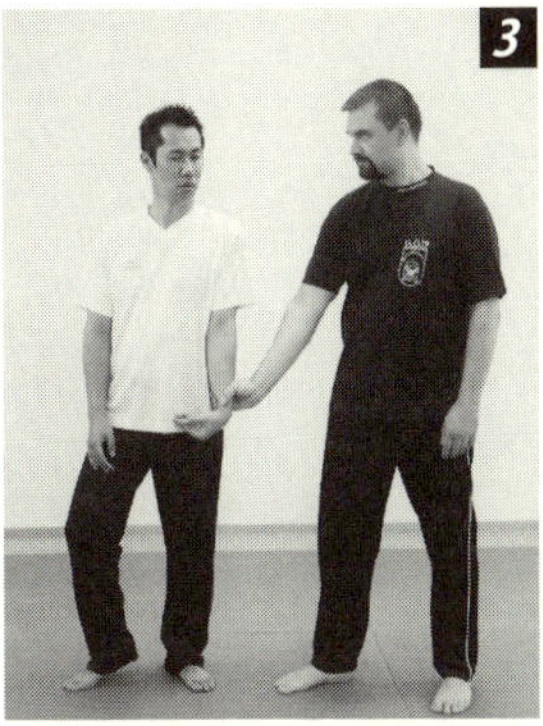

左前方へ体さばきし、左足に重心移動して、

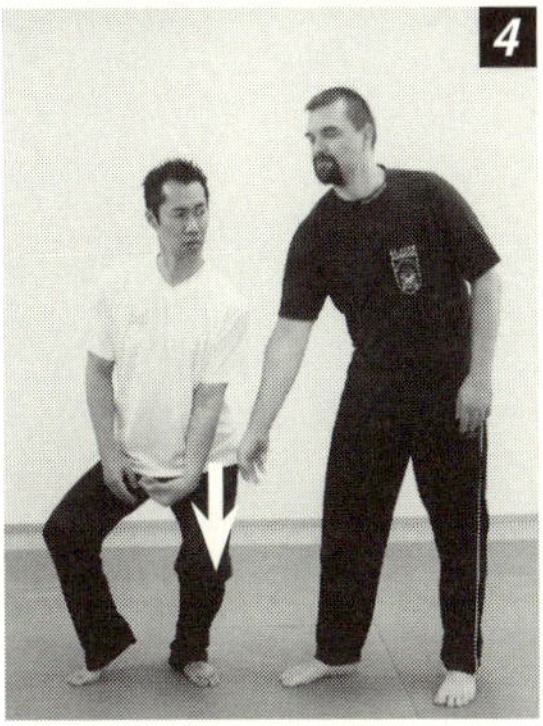

股関節をゆるめて体を沈めつつ全体重を手首に乗せる。相手は手をはずし、離さなければ体ごと崩れるほどの大きな力となる。

い力が相手に伝わります。

誤りやすいのは、ただ屈むだけでは駄目だということです。どっこいしょと屈んでも、相手はそうですかとついてくるだけです。では素早く屈めばいいかというと、そういうことでもありません。股関節をゆるめ、本当にストンと落下するような体動でないと、体重は活きてきません。

でも、よく考えてみれば、それが一番簡単でもあるんです。何しろ、今いる所から落っこちるだけなんですから。巧妙に身体のあちらこちらを使う必要もない。全部一緒にストンと落ちるだけです。

できると、何だこんな簡単なことかと驚くでしょう。それでいて、こんなに大きな力が生み出せるのかということにも驚くでしょう。相手に手を離させたり、崩したり、そういうことをするには思い切って力をいれてエイヤッ！とやらないと駄目。これまではきっとそう思い込んでいたのではないですか？しかし発想を１８０度変えて、１８０度違う身体操作で、あっと驚くほど楽であっと驚くような力が生み出せるのです。〝思い込み〟が払拭できないうちはいつまでもできないでしょう。

ね、こんな風に、いつだって脳の問題がからんでくるんです。

この抜き技ができたら、きっとこんなこともできるようになっています。

〈対腕横取り　小手返し〉

① 相手がこちらの左腕を両手で抱え込むようにつかんでくる。
② 肘を軽く体につけ、
③ 膝と股関節をゆるめながら、左足を相手の右足の前に出す。
④ 相手の右手の上に右手を乗せ、右足を相手の方へ向ける。
⑤ 右足を出し、体を回転させ、
⑥ 右足に重心を移しながら、相手の腕と手の甲を押し下げ小手を返して崩す。

ポイントは何と言っても、自分の体重を相手の腕にかけられるか。一見、相手の腕を力ずくで捻り投げているように見える技ですが、実は使っているのは筋力ではなかった訳です。

対腕横取り　小手返し—脱力の練習3

1 相手が左腕をつかんでくる。

2 肘を軽く体につけ、

3 膝と股関節をゆるめながら、左足を相手の右足の前に出す。

4 相手の右手の上に右手を乗せ、右足を相手の方へ向ける。

5 右足を出し、体を回転させ、

6 右足に重心を移しながら、相手の腕と手の甲を押し下げ、小手を返して崩す。

❹ テコの原理 ― 大事なトコは動かさない、という意外性

言わずと知れた、小さな力で大きな力を生み出す、魔法のような装置が〝テコ〟です。装置と言っても大層な仕掛けが必要な訳ではありません。支点を上手く作って〝長さ〟さえ利用できればいい。

これを使わないテはありません。

ここでは、片手を取られた時の抜き技でテコ原理の使い方を説明します。

〈テコを利用した抜き技〉

① 片手をつかまれる。
② 鍵手にし、足を軽く前に出す。
③ 肘を前に出し、手を抜く。

力ずくで手を抜こうとしてもなかなかできないだろうと思います。そこでテコを利用します。テコに必要なのは。まず支点です。つかまれた手の小指側、相手の人差し指と接しているあたりを支点にします。

普通に力ずくで手を抜こうとする場合、手全体を一緒に動かそうとすると思います。この場合、使う筋肉は主に上腕二頭筋（上腕部に力こぶを作る筋肉）だと思います。しかし、テコの場合は支点を動かさないように操作します。

力点は自分の肘のあたりと想定します。自分の前腕をテコ棒と考えた場合、その先端であり、テコを一番長く使える所です。そして作用点は、相手の親指が自分の手の上側を押さえ付けているあたりです。作用点と支点の距離を1としますと、支点と力点の距離は2あります。テコの原理が使えますので作用点の親指には力点の肘を動かす力の2倍の力が加わります。

ポイントは、支点となる、握られた点の小指側の接点を動かさないという事です。どうしても、振りほどこうとすると支点ごと動かしてしまいがちですが、それだとテコになりません。

テコを利用した抜き技

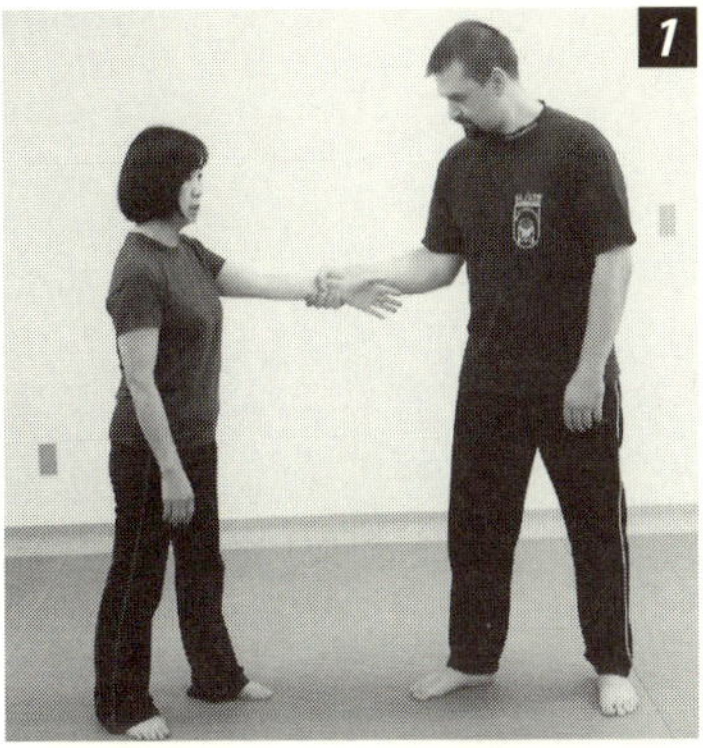

1 相手が片手をつかんでくる。

2 鍵手にし、足を軽く前に出す。

3 肘を前に出し、手を抜く。

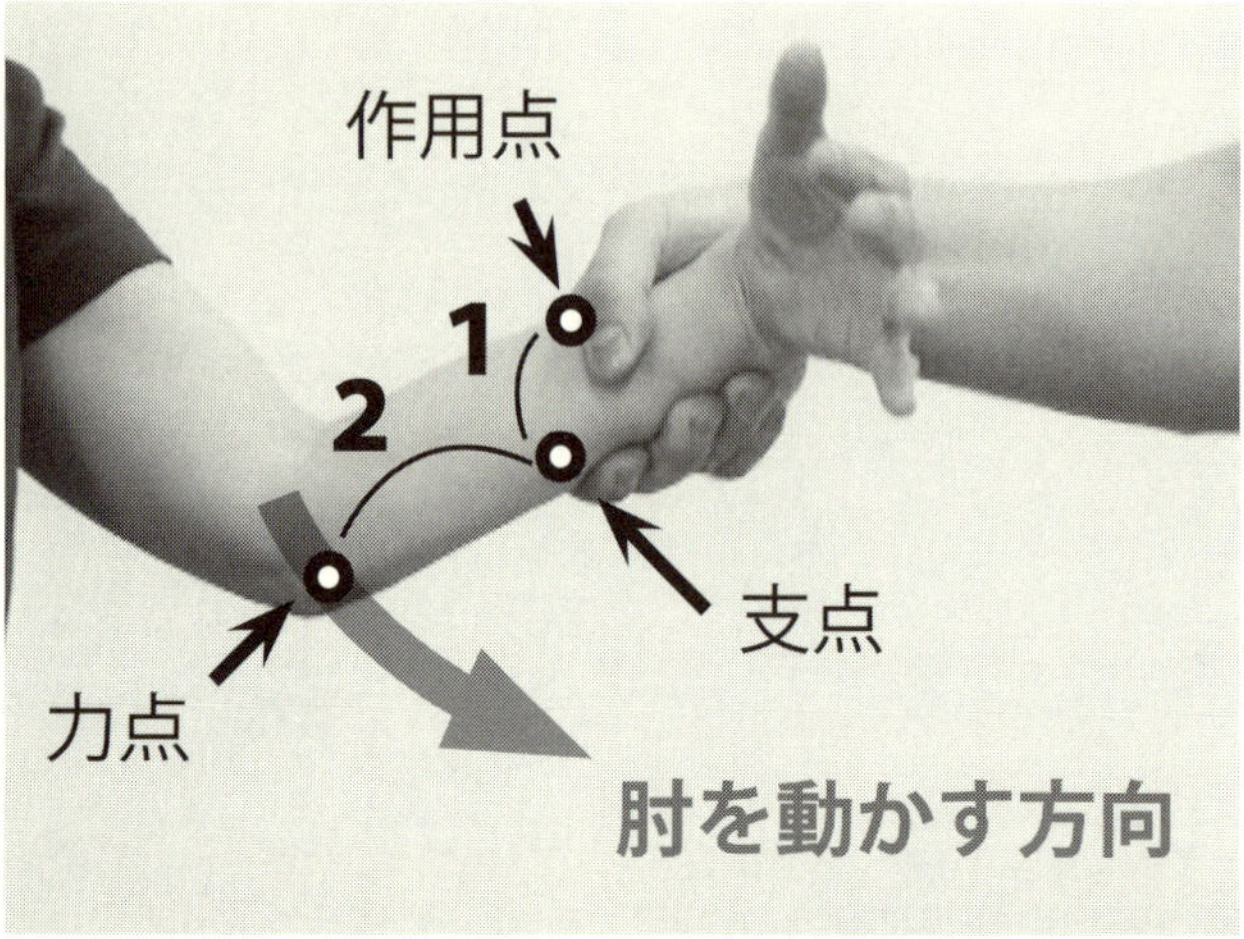

相手人差し指との接点を支点に、力点である肘を前に出すことによって、作用点である相手親指を外す。支点は動かさない。

さらに言えば、テコによる運動は、作用点（動かそうとする所）と力点（作用点を動かす力の元）の動きが違っているという不思議さがあります。普通は作用点を上げたいと思ったら、〝持ち上げよう〟とする運動をするのではありませんか？　しかしそうではなく、力点を逆に下げることによってテコを働かせているのです。

〝先入観〟に支配されているうちはなかなか難しいだろうと思います。だからぜひ、このテコの原理を用いた動きを体をもって学んでいく中で、〝自由な発想〟を手に入れていって下さい。

テコの原理の使い方を体得しますと、絶対的自信になります。どんなに力の強い方に持たれても、抜くことができます。

いかがでしたか？

本章でご紹介してきたのは、どれも筋力によらずとも、弱い者が強い者に勝ち得る方法です。

発想としては、どれもちょっとだけ〝意外〟だったのではありませんか？

でも、見えていなかっ・・・・・・ただけで、わかってしまえば、そんなに難しいものでもないのです。

この章をお読み下さった皆さんが得たものは、〝技術〟ではありません。見えなかったものが見えるようになった、その新たな視点です。

さて、新たな視点を得て、より合理的に身体を使えるようになった皆さんに、本章締めくくりとして一人でできる練習法をご紹介しましょう。

これは、「護身体操」と呼んでいるもので、脱力、軸、重心などといった、筋力頼みでない合理的操法を目指す際には必要不可欠となる要素が一人稽古で養えるものです。

〈護身体操　流し手〉

次ページ写真のように、丹田から上下に伸びた中心軸を左右に回転させる体操で、中心軸を認識することと脱力することが目的です。顔は正面で、腕はぶらぶらの状態で行ないます。

〈護身体操　流し手・腰捻り〉

片足に重心を移動し、反対の足を拇指球中心に回転し、腰を捻る体操も行ないます。重心が左右の足へ移動するとともに、軸も左右へ移動します。（51ページ写真参照）

「流し手」でできてくる、丹田を中心とした〝軸の形成〟と〝腕の脱力〟は、おおよそあらゆるスポーツや武術に共通する、身体的な〝大前提〟でもあります。

護身体操 流し手

丹田を中心に、上下に貫く〝軸〟を意識し、それをブレさせないまま腕をブラブラに脱力させて回転させる。

顔は正面を向けたまま。

護身体操 流し手・腰捻り

片足に重心を移動し、反対の足を拇指球中心に回転し、腰を捻る。軸は左右足へ移動する。

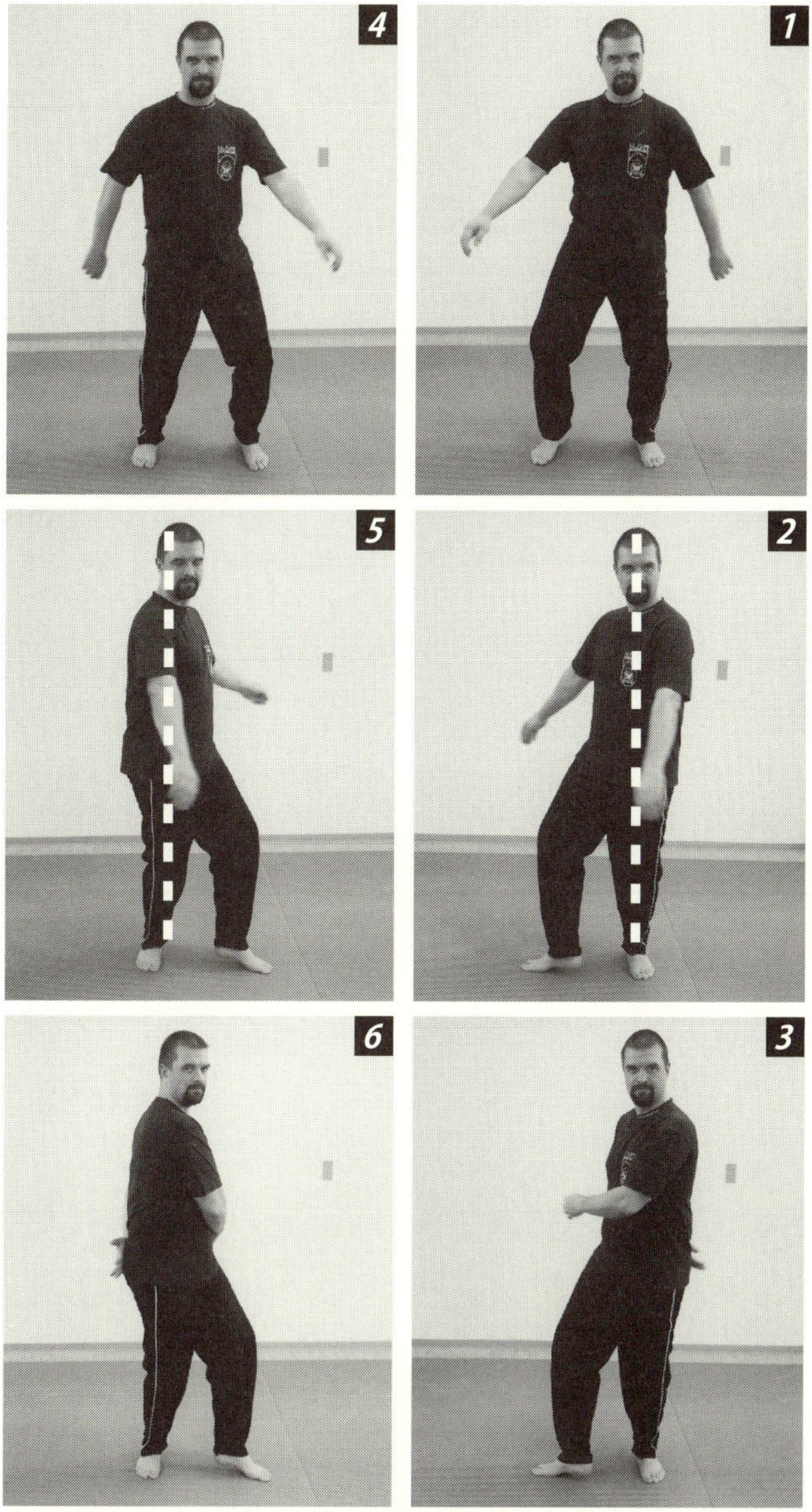

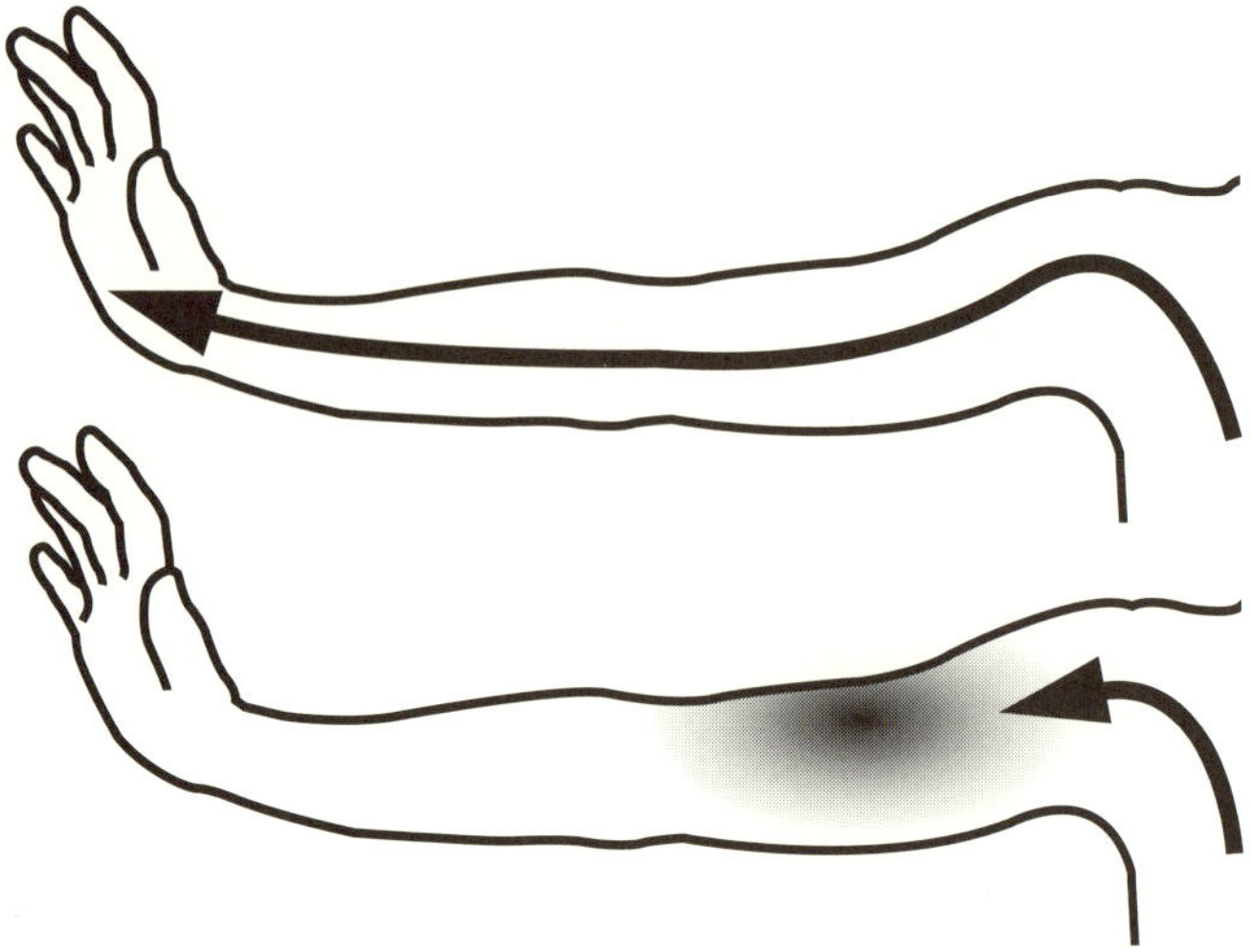

どんな運動であれ、効率よく大きな力を生み出せるのは、手先・足先ではなく、体幹です。そして、せっかく体幹で生み出した大きな力は、効率よく手なり足なりに伝えてあげなければなりません。

腕や足のどこかで力みが生じていると、そこで力の伝達は止まってしまいます。だから、効率よく力を伝えるためには〝脱力〟が不可欠なのです。

「大きな力を生むために〝脱力〟する」というのも、決して万人が理解している常識ではないでしょう。そして、間違った常識のことを〝思い込み〟と呼ぶのです。

ひたすら練習して体に覚え込ませる、というのも、それはそれで有効な方法論ではありますが、間違ったものを体に叩き込んでしまっては元も子もありません。それよりも〝思い込み〟を削ぎ落としていく必要があるのではないでしょうか。

〈護身体操　舞手〉

中心軸の回転に合わせて手を回転させます。目的は中心軸の力を手に伝えることと敵が複数いることをイメージして意識を広げることです。(54～55ページ写真参照)

①　片方の手を手鏡の位置に、反対の手を、腹の前くらいで蹴りを防御する位置に持ってくる。
②　中心軸を回転させ、それに合わせて手を回転させていく。
③　横で回転が止まったところでは大きいボールを押しているイメージで。
④　左右の手を入れ替える。
⑤～⑧　反対側も同様に。

きちんと直立して、軸が形成され、腕や肩に無駄な力が入っていない状態だと、体幹からの力をロスのない大きなものとして手まで伝えることができます。けれども、ちょっと体勢が変わるだけで軸がブレてしまったり、腕や肩を力ませてしまうと伝わらなくなります。

抑えたり押し込んだり、そういう動作に大きな力を発揮するためには、腕の筋力うんぬんよりもまずこの合理的な身体状態を維持することの方がはるかに大事なのです。

右を向いた時はいいけれども、左を向いた時がどうも力が入りやすい、といったようなクセが発見できるかもしれません。

常に身体の最善の状態が維持できる……こんなに強いことはないのです。

この〝舞手〟ができてくると、こんなこともできるようになります。もうちょっと〝技〟らしい形で

護身体操　舞手

片方の手を顔前で手鏡をかざすような位置に。反対の手を腹の前に。

中心軸を回転させ、それに合わせて手を回転させる。

横で止まったところでは大きいボールを押すイメージで。

左右の手を入れ替える。

反対側も同様に行なう。

試してみましょう。

〈対上段突き　舞手受け腕押え〉

① 正対した相手が、

② 顔目がけて突いてきたところ、手を前に出し、相手の手と交差させ、突きをかわす。

③ 右手を相手の手首に添えて小指を相手の手首に絡ませながら回し、

④ 左手は相手の上腕に添えて押し上げ、回す。

⑤ 腕を押さえながら、右手を引き上げる。

⑥ そのまま床へ押さえ込む。

〝突きを避けなきゃ！〟と焦って相手の手を弾こうとすると、おそらくさっき練習した〝舞手〟の時とは全然違った身体の状態になってしまうと思います。

相手の突きと力比べする訳じゃありません。そっと添わせるくらいの気持ちで合わせると、驚くほど簡単に相手をコントロールできるようになります。

右手は大きな円を描き、左手は上腕に添えて、相手の顔に当てるように押し上げ、小さな円を描くイメージで回し、腕を押さえます。

相手を押さえ込む時は、相手の〝腕〟に力をかけようとするのでなく、相手の体全体をとらえ、その中心を攻めるつもりで行なうと、上手くいきます。

対上段突き　舞手受け腕押え

正対した相手が、

顔目がけて突いてきたところ、手を前に出し、相手の手と交差させ、突きをかわす。

右手を相手の手首に添え、小指を手首に絡ませながら回し、

左手は相手の上腕に添えて押し上げ、回す。

腕を押さえながら右手を引き上げる。

そのまま床へ押さえ込む。

舞手受け

舞手による受けの動きを詳しく見てみると、掌を返す動き、右手を大きく回す動き、右手に少し遅れて左手を小さく回す動き、と3つの円運動が絶妙に絡み合いながら、相手の力とのぶつかり合いになる事なく誘導している。

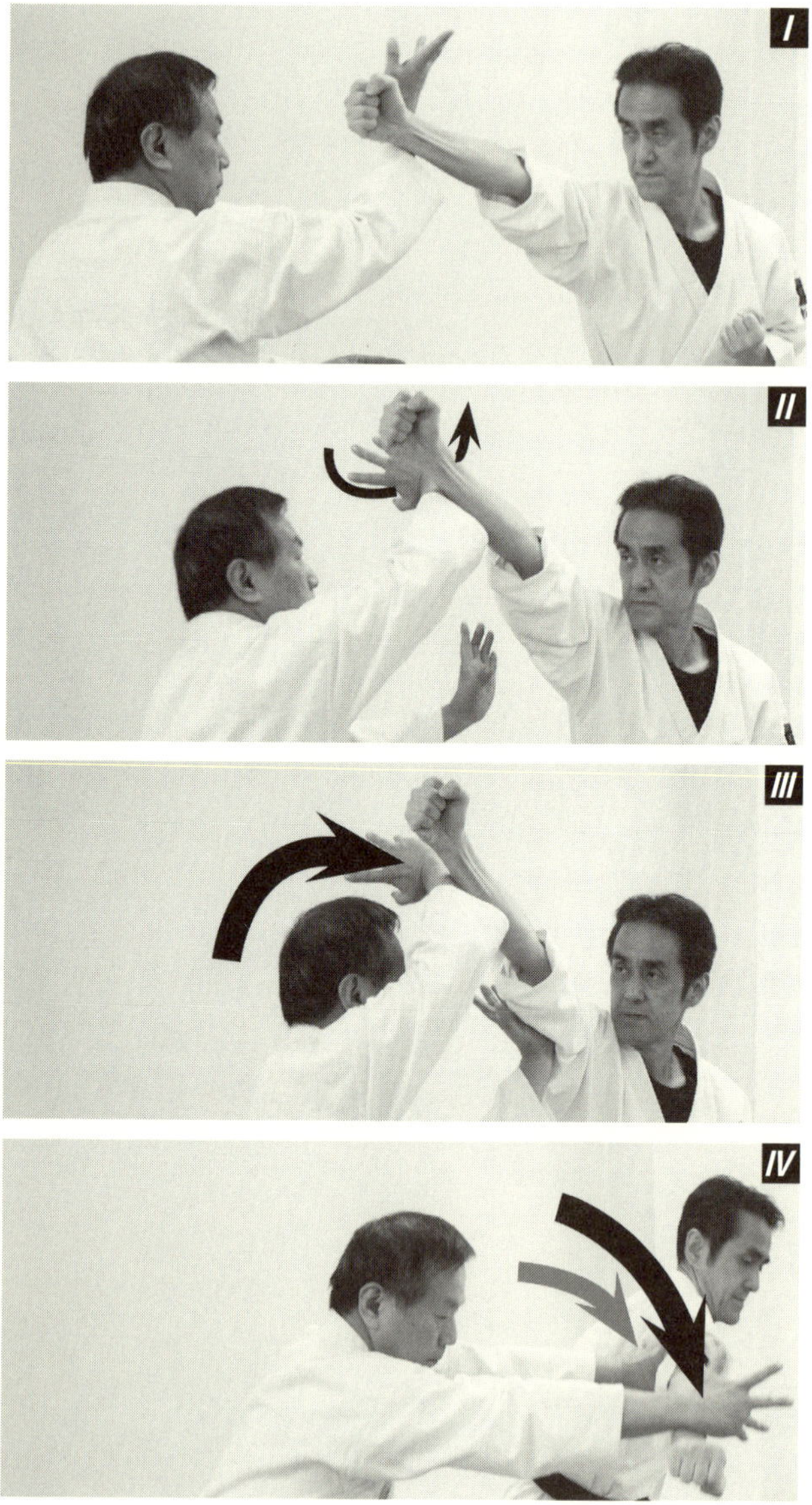

できてしまうと、技って意外と筋力を使わなくてもできるもんなんだってわかるでしょう。

第3章

護身の戦略

― 急場を救う行動方針 ―

1 〝戦術〟と〝戦略〟

前章で、力が弱くとも強い者に勝てる身体力学をご紹介しました。

だからと言って、もう強い悪人に襲いかかられても大丈夫、などとは思わないで下さいね。

まだ皆さんは、いくつかの〝戦術〟を知ったにすぎません。

護身道は自分の身を護る方法ですので、決して攻撃的な武道ではありません。格闘技は勝つことを目的にしておりますので、試合を行ない、技を競い合います。勝つためには血の滲む努力が必要となります。

身を護ることとは、女性でも中高年の方でも誰でもできないと意味がありません。力が弱いからとビクビクして過ごすのでなく、堂々と生きていきたいものです。緊急事態で身を護るには、相手が攻撃できないだけの距離を取ればよく、そのために相手に打撃を与えて短時間行動できないようにして、逃げればよいのです。護身道は武道経験のない、女性でも中高年の方でも誰でもできるよう、特別な修行や特別に力の必要な技が要らないようにできております。そのポイントは護身道の力学的原理です。それが前章でご紹介したものです。


〝戦術〟〝戦略〟という言葉があります。護身道の創始者、城野宏先生はこれを明快に説明されています。〝戦術〟は戦略目標を達成するための手段のことをいいます。〝戦略〟は最も中心にくる目的・目標、現状維持か現状打破か、右に行くのか左に行くのかなど二者択一の大きな方向づけのことを言います。〝戦略〟は根本レベルの譲れないものですので一度決めると変更しません。〝戦術〟は手段なので戦

戦略

戦術　戦術　戦術

略目標を達成するまで手を打ち続けます。〝戦略〟と〝戦術〟を明確に区別することが重要です。

東京から富士山に行くか北海道に行くかの戦略方向を決めないとどういう交通手段を取るかが決まりません。戦略方向、行先についてはメンバー全員がしっかり議論し、納得していることが必要です。

護身道では、〝戦略〟は戦うことでなく身を護る・逃げることであり、〝戦術〟は当て技で相手を一瞬ダウンさせ、ダウンしている間に逃げることです。

いかがですか？　〝戦術〟があっても、〝戦略〟次第で使い方もずいぶん違ってくるでしょう。

〝戦略〟を決めないと脳が動かないようになっています。

護身道は護身術であるとともに脳力開発の法則を身につけるために開発されたものであり、その法則は、脳活動からの行動を観察することにより導きだされています。

次ページの表は、人が生きていく上でのさまざまな

人生の“思考・行動のパターン”対照表

	α	β
A	協調的に対処する	対立的に対処する。
B	多角的に見る。	局所的に見る。
C	物事の中心に注目する。	物事の周辺に注目する。
D	主体的に動く。	追随的に動く。

〝思考・行動のパターン〟を対比させたものです。

左のグループ（α）と右のグループ（β）、どちらを選びたいですか？

個人差はあるでしょう。時と場合によって意外なものが功を奏す、という面もあるので単純に言いきってしまうつもりはないのですが、何か問題が上手く行かない時、その原因は（β）のグループの〝思考・行動のパターン〟をとってしまっているゆえである事が多いのです。今の状況を変えたいのであれば「楽しみの人生」か「嘆きの人生」か、どちらを選ぶか二者択一の戦略決定をすることです。「楽しみの人生」を選べばおのずと（α）グループの思考・行動パターンをとると思います。

例えば、周囲の人に協調的に振る舞うことによって余計な衝突も生まれず、人間関係も良好になります。たとえ、あまり好きでない人でも、嫌な面ばかり見ずにいろいろな所を見ると、必ず良い所が見つかります。何か意見の対立があっても、そういう関係性の上でなら、きっとお互いの主張を殺し合うことなく、上手く解決までもっていくことができるでしょう。「アイツの主張を通させるなんて…」などという表層的で些末な不満に目が行くことなく、本当に大切な自分の主張を相手の主張とともに両立させる着地点を見つける事ができるでしょう。良好な人間関係、あるいは相手をも尊重する物の見方は、余計な〝かせ〟をはめることなく、自分が主体的に動くことを可能にしてくれるのです。

こんな風に、すべてが関連し合って、複雑なようにも、困難なようにも見えていたことが確実に上手くいくようになるのです。

これらがそのまま、護身術にも結びつくから、面白いんです。

❷ 協調的に対処する ― ぶつからない

表中の「A」の段は「協調的に対処する」です。右側のグループでは「対立的」となっていますね。いや、自分だけよければいいじゃないか、対立してでも自分の主張だけを通したい、と考える人もいらっしゃるかもしれませんが、そうはいかないのが世の中です。

すべての人が「自分はこうしたいんだ」ということをそのまま主張し合ったらどうなりますか？

当然、ぶつかり合い、強い者が勝つ、という結果になります。

弱い者でも強い者に勝つには、ぶつかり合ってはいけません。それは護身術の場でも同じなのです。

1）相手のやりたいことを尊重する

相手に胸をつかまれ押された時、普通は咄嗟に押し返したり、振りほどこうとしますが、女性等力の

1 相手が胸をつかんで押してきた時、

2 押し返そうとしても、

3 さらに大きな力で押し返されてしまう。

1 相手が胸をつかんで押してきたら…

2 まずは相手の思い通りに押させてあげる。

3 その力、動きのままに後ろに身をさばき、押しをかわす。

弱い方は止めることも振りほどくこともなかなかできません。前ページの右掲右列写真のように、押し返そうとしたらさらに強い力で押し返されてしまいます。

ぶつかり合っては駄目です。どうしたらいいでしょう？

まず、相手の押しをいきなり止めずに、相手は押したいという気持ちなのでその気持ちの通りに、まずは押させてあげます。こちらは押されると崩れるので、後に体をさばき、押しをかわします。

これは〝相手のなすがまま〟ではありません。後ろに身をさばくのは自分としても意図通り。結果としてかわすところまで身がさばけているのです。

これを私たちは「自分のことを考えたら、相手のことを考えろ」という原則として学んでいます。自分のことと同じように、相手のことも考えると、とたんにその場の解決の糸口が見えてきます。

つかまれると無意識に振りほどかなければと思い、押されると押されないようにしなければと無意識に思います。これは小さい頃から身に付いた防衛反応で、癖です。今までの癖や固定観念にとらわれずに押させてあげるのです。押されないように頑張らなくていいし、力がぶつからないので気持ちも楽になります。

相手の押しを嫌がらずに、相手の気持ちに寄り添えば相手の押しを感じることができます。相手のことを考えるには、相手の気持ちを感じることが必要です。相手にしっかり関わって、相手を感じるとなぜ怒っているのかわかることがあります。その気持ちを理解し受け止めると相手は満足して、攻撃を止めてくれるかもしれません。その時は自分の心も解きほぐれ、体もつかえが取れて自在に動けていると思います。相手のことをとことん考えると、相手が攻撃を止めてくれるなど自分にも都合の良いことが起こります。

相手のことを考えると言っても、押したいという相手の気持ちを受け止めるということで、すべてを受け入れ、自分が我慢するということではありません。こちらは体をさばき、譲れる範囲は譲りますが、体勢を崩さないことが重要です。そこで何も起こらなければ、お互いの気持ちがぶつからず、どちらも我慢してない「自分もよし、相手もよし」の状態です。譲れるところは大いに譲りましょうというのは、昔から日本にある譲り合いの精神です。

力の弱い女性でもできる護身道では、力勝負でなく発想の転換だけで誰でもできるものでなくてはなりません。このように相手のしたいようにさせてあげれば身を護れるというのは貴重な考え方と方法となります。

日常生活も同じです。相手から何か頼まれたとき、いきなり「できません」と答えれば言葉がぶつかり断るにしても角が立ちます。まずは相手の話をしっかりと聞き相手の気持ちを受け止めることです。それから協力できることとできないことを答えればよいのです。相手は言い分を認められれば、腹は立たないことが多いと思います。

何かを判断するとき、相手の気持ちをしっかり考えることを癖付けしたいものです。

2）〝円〟の動き

相手が手首をつかんできた時、力ではずそうともがいてもなかなかはずれません。力がぶつかると相手は次の攻撃をしてきます。

相手が手首をつかんできた時、そのとられた手首を直接的に振りほどこうとしても上手くいかない。

直接的に、そのつかまれた手首を動かそうとするのは、必ず相手の押さえつけようとする力とぶつかります。いわば〝力比べ〟になってしまうのです。よって、上掲写真のように直接的に振りほどこうとして手がはずせるのは、相手の力が自分よりも弱かった時だけです。

相手は自分よりも力が強い、と想定しなければなりません。それでも何とかするにはどうしたらよいのでしょうか。

まず、相手の力に抗おうとしてはいけません。つまり、その押さえつけられた手は、無理に動かそうとしてはならないのです。

相手が右手をつかんできたら、

つかまれた右手（接点）を無理に動かそうとせず、円運動のようにして体をさばくと、

相手の力とぶつかることなく、自然に引き崩すことができる。

右掲写真のように、つかまれた手、すなわち相手との接点を動かさず、その接点を中心に円運動をして体をさばき、その動きのままに相手を引き崩します。円の動きをすると力がぶつかりません。相手との接点が円運動の中心です。

力が弱くても身を護るためには、相手を押したり引いたりするような力のぶつかる動きをしないことが第1のポイントになります。投げ技をする時も、力のぶつからない動き、この場合は円の動きをすることが第2のポイントです。

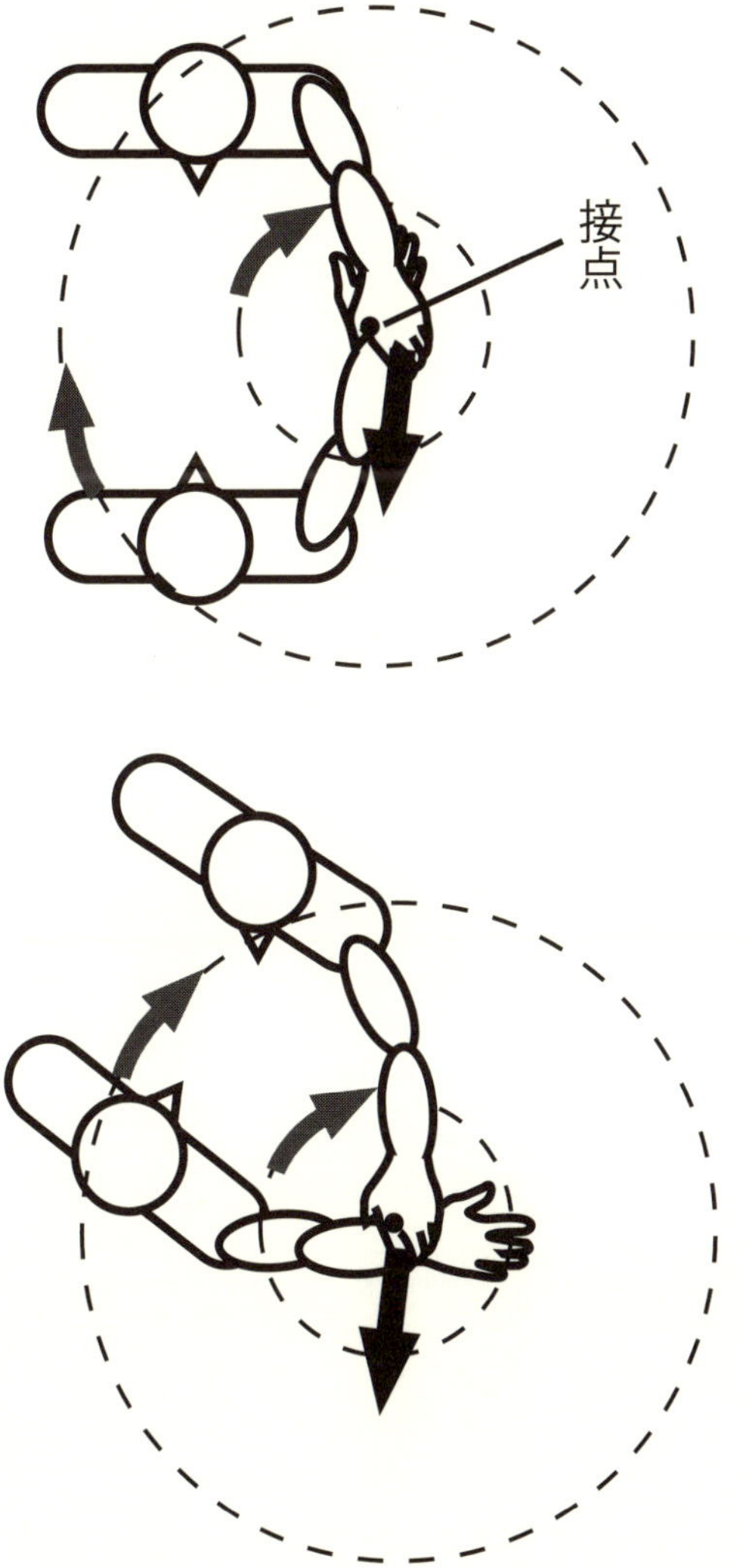

相手がつかんできている部分（接点）を中心に円運動をする。相手が押し込んで来たりしてもそれに逆らわないので接点が移動し、体さばきもそれにつれた円運動とする。

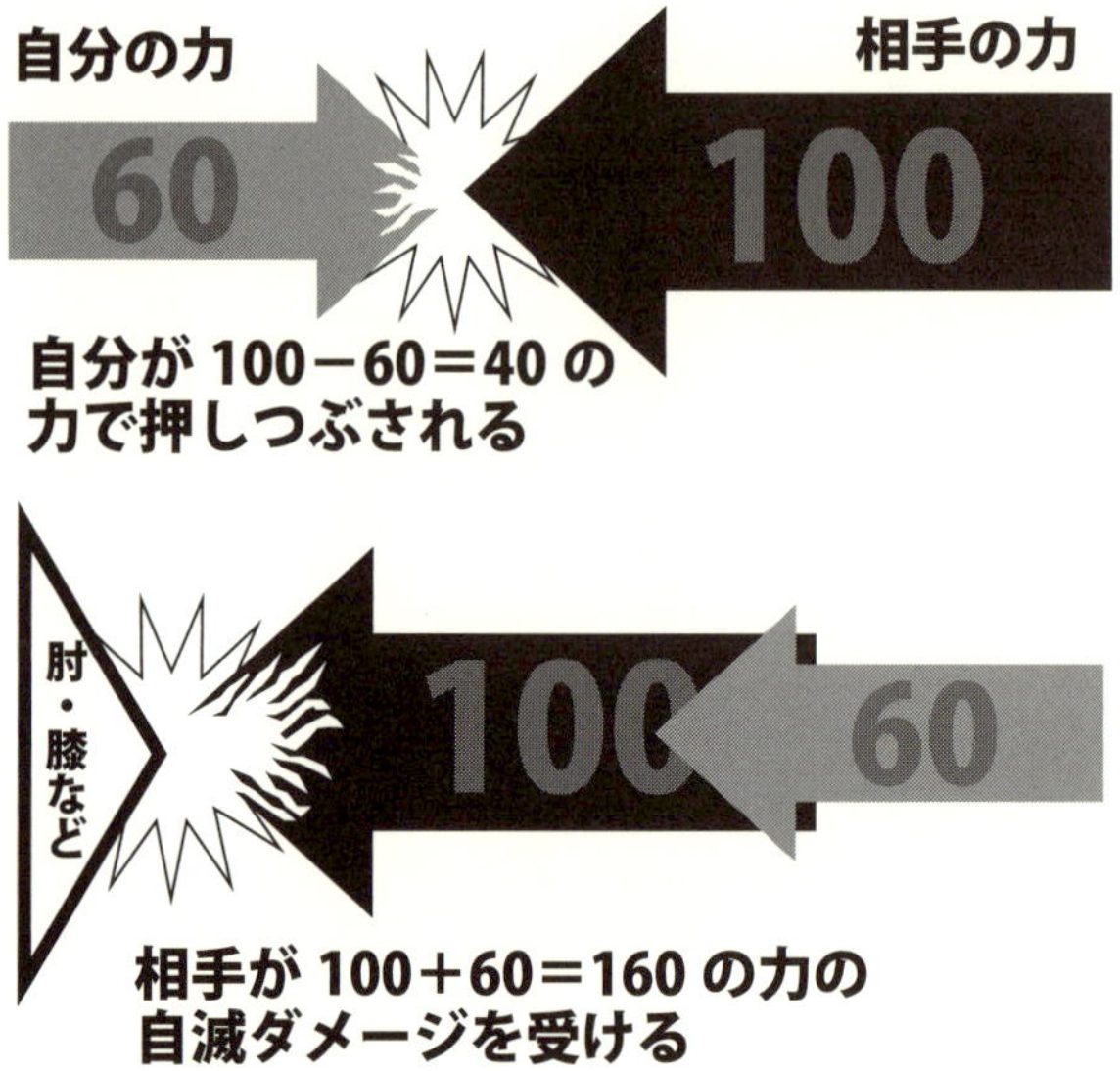
自分の力
相手の力
60
100
自分が 100－60＝40 の
力で押しつぶされる
肘・膝など
100
60
相手が 100＋60＝160 の力の
自滅ダメージを受ける

相手がつかんだ手を押してきたら押させてあげます。相手との接点が移動しても、移動した接点を円運動の中心とすればいいのです。

3）相手の力に自分の力をプラスする

相手の攻撃に対して払ったり止めたりすることはなかなかできません。相手の力を100とし、自分の力を60とすると差し引き40の力で押しつぶされてしまいます。護身道の力の使い方は相手の突きをストップさせずに、逆に相手の力にこちらの力をプラスして加速してしまう。相手の100の力にこちらの60の力を加えて、その力の方向に障害物を作っておくと、勝手に衝突した相手はダメージを受けます。

相手の力に対抗しようとせず、相手の力を借りると考えるのです。相手の力に対抗しようとすると、気持ちが固くなったり、負ける

1 相手が左肩をつかんで押してきたら、

2 その力に逆らわず、後ろ体さばきをすることによって押してくる方向に自分の力をプラスする。相手が出てくる顎のあたりに肘を置いておくだけで強烈な当てとなる。

相手が押して来る⇅押されたくない、という対立観念を持っているとどうしても焦りや不安に支配されがちだが、〝相手の力を借りる〟と考えられればそれだけで気持ちが楽になり、無駄な力みも生じにくくなる。

のではないかと心配したり、固まってしまいます。相手の力を借りると思うと気持ちが楽になります。

相手がつかんで押してきたら、まず、後体さばきをして力がぶつからないようにします。さらに、相手の突きの方向に自分の力をプラスします。相手が来るところに肘等の障害物をおいておけば相手はダメージを受けダウンします。

遠藤英夫先生は常々「誰かがこれをやりましょうと言って来ると、『止めずに、どうぞどうぞ』と言う。こちらは楽だし、その方は喜々としてやってくれる」と言われていました。先生は「プラスの武道」の考え方を組織運営にも使われていました。

日常生活の中で、お互いぶつかっているときにこそ、お互いが得になる良い解決策を探すことです。考えやすい方法としてはより高次の目的に向かってお互い頑張ることです。

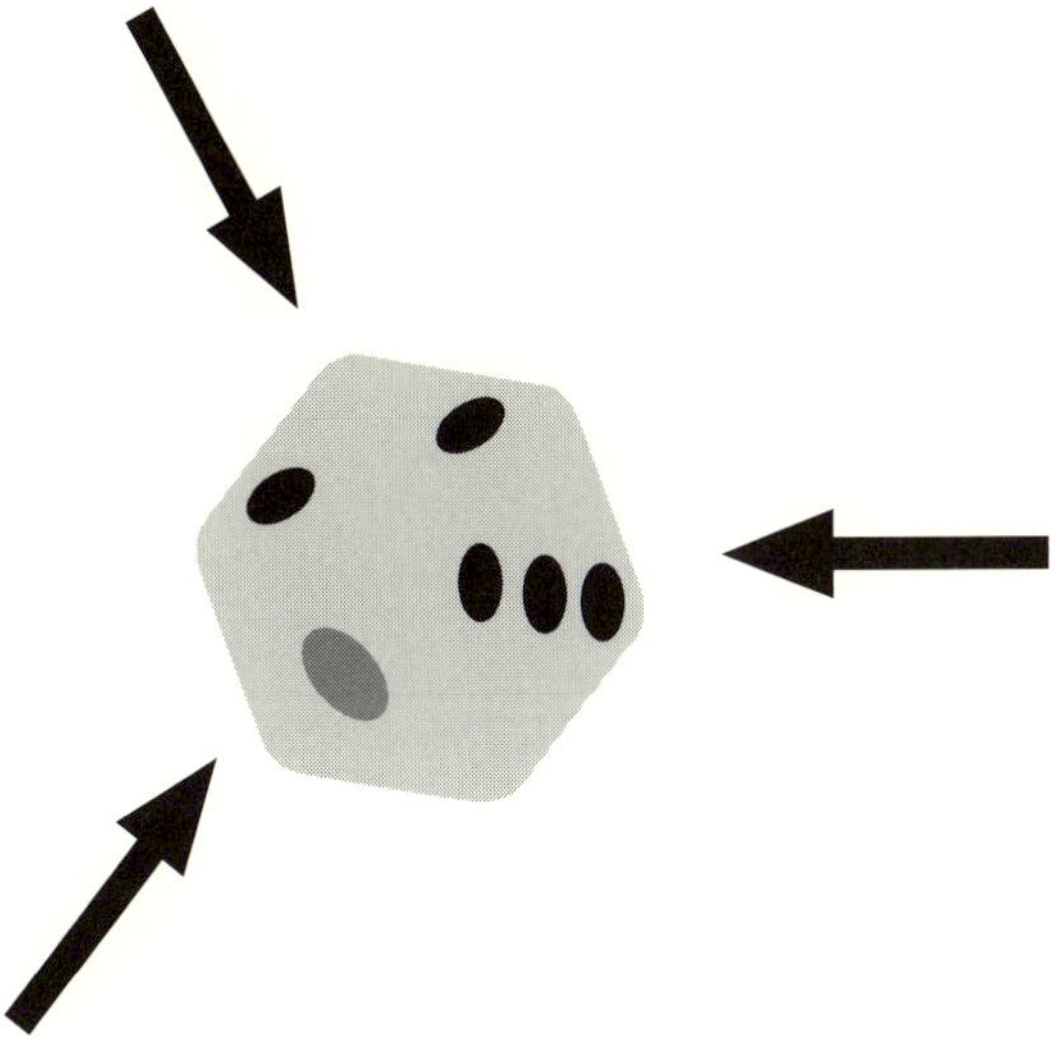

❸ 多角的に見る―全面観察の法則

64ページの表の「B」の段は「多角的に見る」ということでした。

とかく人間は、最初に注目してしまうそこだけを見て、判断してしまいがちです。ほんの一部しか見ていないのに、全部分かったように思い込んでしまうのです。

ある商品の売れ行きが悪くなって赤字になってしまった。そこだけを見て赤字を解消しようとすると、製作コスト削減のようなことが手っ取り早い対策になってくるのですが、実は売れ行き低下の原因は品質や魅力の低下にあったのかもしれないのです。むしろコストをかけて品質を上げる努力をした方が売り上げ拡大につながるかもしれないのです。

物事を一方向から見ているだけでは、上手く解決できません。問題の本質も、解決の糸口も、その方向からは見えないものなのかもしれないのです。

1）目立つところにとらわれずに、全体を見る

次ページ写真1のように両手をつかまれた時、まずそのつかまれた所に注意が行きます。つかまれたところを見てそこを何とかしたいとばかりに、腕を振りほどこうとしますが、なかなか振りほどけません。ところが、写真2のように全体をよく見ると、相手は両手で自分をつかまえているので両手が使えない、ということが見えてきます。

相手は両手に手錠を掛けられているのと同じです。そのように思うと気持ちに余裕ができ、他のところも見ることができます。さらに相手の目、喉、腹、股間など急所がガラ空きです。

写真3、写真4のように、実は自分は取られた腕以外は足も体も動かせます。これは、目立つところ、即ちつかまれたところにとらわれずに全体を見よという「全面観察」の法則です。

相手は思っていたよりもはるかに無防備な状態です。自分は、思っていたよりもはるかに自由な状態です。

相手から離れる方向に動くのは手をつかまれているので難しいですが、逆に相手に近付く方向に動くのは簡単です。

写真5のように、相手の方向に踏み込んで金的に膝を当て、一瞬ダウンしているスキに逃げます。振りほどいて遠ざかろうとする方向は相手に警戒されていましたが、近付くのは簡単でした。

両手を取られると絶体絶命のピンチと思いがちです。今までの癖で短絡的に判断するのでなく、全相手がつかんできたその腕だけに意識がいきがちだが、そこをふりほどこうとしてもなかなかかなわない。

一ヶ所に注意をとられずに全体を見るようにすると、違ったものが見えてくる。例えば、相手は〝両手がふさがっている〟という見方もできる。

さらにいろいろなことが見えてくる。自分が制限を受けているのは両手だけであって、足なり体なりは自由に動くのだ。

思っていた以上に相手は実は無防備。思っていた以上に自分は動くこともできる。相手から遠ざかろうとするのでなく、逆に近付けば簡単に膝蹴りが入れられる。腕を振りほどかずとも、打開策はあったのだ。

体を見ようとすると見えてくるものが全く違ってきます。「右を見たら左をみよ、上を見たら下を見よ、表を見たら裏を見よ」のように全体を見ることです。

今度の相手はナイフを持っています。（次ページ写真参照）

武器を持っているとなると、いよいよそれに心を奪われます。ある意味当然です。それが自分の体に触れるだけで大変なことになるんですから。

でも、ここは写真1のようにナイフをじーっと見るのではなく、写真3のように、相手の体全体を見ます。「目立つところにとらわれずに全面観察をせよ」という法則です。写真1〜写真4のように、ナイフを見ている時と相手の体全体を見た時を実際に突いてみてもらい比較するとどちらが楽に対応できるか違いが分かります。

こんなことがありました。地区のチームでソフトボールしている時のことです。護身道を始めたばかりの頃でしたが、ゴロを取ろうとしていつもポロリと落としていました。小さい頃ボールをよく見ろと言われていたのでよく見れば見るほど、慎重に慎重にと思えば思うほど取れませんでした。

岡嶋先生に相談すると「ボールを一生懸命見ようとするのはボールにとらわれていて、体が固まっている。自然体で立ち、全方向に意識を広げ、その場を感じるとリラックスできる」とアドバイスを受けました。

すると、ボールが取れるというよりは、グローブにボールが勝手に入るような感じで面白いように

1 相手がナイフなど持っていようものなら、どうしてもそのナイフを注視してしまいがちになる。

2 しかし、そこにだけとらわれていると、相手の動きが見えない。刺されやすくなってしまっている。

3 相手全体を見るようにすると、見えていなかったものが見えてくる。

4 相手の動きが見えやすいので、対処がしやすくなっている。

取れました。その感じで、グランドにいると周りの公園の緑はきれいで、空は透き通っていて、その場にいること自体、もの凄く気持ちよく、快感を感じていました。

2）日常的〝全面観察訓練〟のススメ

多角的な物の見方は、やらない癖がついていると、どんどんできなくなっていきます。逆に普段から多角的に物を見る習慣があれば、いざという時にもできるものです。

その題材は、常日頃、身の周りにあふれかえっています。

〈例1　外を歩く時に…〉

今増えている〝歩きスマホ〟。したくなる気持ちはわからないでもないですが、その危険性は明らかですね。スマホを見ながら歩くと、他の通行する方にぶつかりそうになるわ、ホームから落ちそうになるわ。また、〝スマホ歩き〟をしている人は襲われやすいということもよく言われています。これは一点にとらわれて全体を見ていない分かりやすい例です。歩く時は、スマホだけでなく、他の気になることにもとらわれず、前方を広く見て、周囲に気を配りながら進むことが大切です。自転車や車の場合も同じです。

歩きながらのスマホ操作は危ないのでやめましょう。

〈例2　嫌いな人〉

職場、学校……さまざまな性格の人が集まっているところでは、どうしても嫌いな人、苦手な人というのが何人かはいるものです。

相手の悪いところばかりでなく良いところも見ろ、とよく言われますが、なかなかできないですね。相手の目に付く欠点は自分も持っていることが多く、気になります。とらわれてしまいます。その時こそ、意識してその欠点は置いておき、別の角度から見て、良いところを一つでも二つでも探してみましょう。これは難題です。難題だからこそ訓練にはもってこいで、繰り返し行なうことができます。相手も意外といいやつだなと思えてきたら成功です。

〈例3　幼い子供が泣き叫んでいる〉

幼い子供が、別に何があった訳でもなさそうなのに突然泣き叫ぶことがあります。泣くなと叱っても、さらに強く泣き叫びます。

そんな時、泣くことを叱らずに、泣き叫ぶ背景にある理由を探してみることです。目に付くことは置いておいて、その背後にある泣き叫ぶ理由を探ります。背後にある理由を受け止めると、徐々に状況は変わってくると思います。

子供対象の例でしたが、怒鳴る方や小言を言ってくる方に対してでも同じような対応をしてみると興味深い発見があると思いますよ。

❹ 中心をとらえる ― 重点思考の法則

64ページの表中「C」は「物事の中心に注目する」です。

皆さんは経験ありませんか？　長々と続いているのに、何一つ決まらない会議。一見意見は交わされているようでも、それがみんな問題の核心をつかずに枝葉の部分をうろついているものだから、話が進まないんです。

最近の電化製品の要領を得ない説明書、というのもありますね。やたら機能が多くてそれが全部書いてはあるんだけど、ユーザーがその場面で何を必要としているか、という大事なところをとらえていないから結局チンプンカンプン、みたいなことになる訳です。

こうならないためには、「中心」すなわち一番大事なのはどこか、ということを見極める必要があります。

護身はむしろ簡単ですね。中心とは、相手の体の中心、と思えば大体間違いありません。

でも、実際には手をつかまれたらそこを何とかしようとしてしまうし、ナイフを持っていたらそこにばかり注意がいってしまいがちな訳です。

次ページ写真のように両手をつかまれたら、どうしてもその手を放させなきゃ、と慌ててしまいます。でも、その手を放させて、その先のビジョンはありますか？

よしんば手を放させることに成功しても、すぐにまた別のところをつかまれるだけになるのではありませんか？

〝末端〟の問題だけを解消させても、根本的な解決にはならないのです。

〝中心〟すなわち、手ではなく相手の体の中心に迫ることこそが、問題の根本的な解決につながる方針なのです。

ここまで述べてきたことを使っていきましょう。まず「全面観察」です。「全面観察」をすると自分は足や体は動かせることが見えてきます。相手は両手がふさがっており、さまざまな急所ががら空きです。防御行動もとっさにとりにくい状態です。

つかまれた両手は無理に動かそうとするのではなく、置いておきましょう。

動く足を使って、相手に近付いていきます。自然に相手はつかみ続けづらい体勢になってきます。

肘当てを相手のアゴに入れます。相手がこちらの手をつかんでいることに固執していたら、まず防御動作はとれないので、簡単に入るでしょう。大して力を使わずとも、この肘当ては相手にとっては目から火花が出るような打撃になります。その間に逃げます。

護身道の原理は「相手の最も弱いところを、こちらの最も強いところで打つ」です。

1 相手が両手をつかんできたら、

2 つかまれたその手に注意がいき、とにかくその手をなんとかしなければ、と考えてしまう。

3 手の力のぶつかり合いになり、事態は改善されない。

1 手だけに注目するのでなく、相手全体に注目する。

2 相手の力に逆らわず、踏み込んで行って左手を抜き、

3 相手に肘当てを入れる。手を何とかするよりも根本的な解決となる。

その当て技には、鍛えなくても打撃の効果のある肘と膝の三角形の頂点を使います。これであれば力の弱い女性や中高年の方でも身を護ることができます。

問題を解決するには一番効果的な手を打つことです。護身道では急所に当て技をします。まさに中心を攻めます。「中心・本質を攻める」という法則です。

この法則は、こういった護身の場面に限らず、日常的な問題の解決にも役立ちます。

例えば、職場や家庭、地域どんな組織でも日常的にいろいろな問題が起こります。表面的に現れた問題だけを解決しても、再び同じような問題が起こり混乱は収まりません。

表面的に現れた問題はなぜ起こるのかを考えて中心・本質的根本的問題を突き止め、そこに手を打てば問題は解決するのです。

とかく我々は何か問題が起こると、そこにだけ目を向けてしまいがちです。しかし、そこであわててその顕在化した問題だけを解決しようとせずに、これを起こしている根本的な原因が隠れているのではないか、と考える習慣をつけましょう。

なかなか解決できない問題は、なぜ〝なかなか解決できない〞のか？

それは多くの場合、根本的な原因が見えていない、ことによるのです。

コラム 歴史上の事実にみる〝弱いものでも強いものに勝てる〟法則

かつて行なわれていた戦では、弱いはずの少数の軍勢が強いはずの大きな軍勢に勝利する、ということが時々起こっていました。

〝たまたま〟ではありません。

どうして小さな軍が大きな軍に勝てたのか、その原因をみてみると、本書でご紹介している法則が使われているのです。

【桶狭間の戦い】戦国時代

今川義元の2万４千の大軍に織田信長は3千の兵で急襲し、勝利しました。

桶狭間という地狭にある司令部を急襲。急所を責められた大軍の今川勢が一瞬でダウンしました。この急襲で義元を討ち取ってしまうと、軍は一気に戦意喪失したのです。

【赤壁の戦い】中国、後漢

曹操の１００万の大軍に孫権と劉備の合わせて20万の兵で大勝しました。

曹操の軍は陸軍のため海戦に慣れていません。船に乗せてしまって、その船を焼きました。さらに広い範囲で野営していた曹操の軍に一斉に火をかけました。

〝相手の最も弱いところを、こちらの最も強いところで打つ〟ことができれば、小勢でも勝利することができるのです。

5 主体的に動く

さて、64ページの表の最後、「D」の段は「主体的に動く」です。

日常生活で自分に不都合なことが起こると、あの人がいなければと人のせいにすることがあります。夫のせい、子供のせい、先生のせい、上司のせいとすべてを人のせいにしていると問題は解決しないばかりか、憎悪や苦悩や不安が満ち溢れます。しかし、これを自分の問題としてとらえると状況は変わってきます。

まず、自分が解決に向けて一歩踏み出すのです。問題は〝なりゆき〟では決して解決しません。でも、得てして〝なりゆきまかせ〟にしようとしてしまいがちなのです。

これが、護身の場においてもまったく同じことが言えます。

写真①のように、いきなり後ろから抱きつかれた時、振りほどこうとしてもなかなか振りほどけません。「何でわたしがこんな目に遭わなければならないの」と嘆いても状況は変わりません。

今自分に起こっている状況を自分の問題として捉えます。人のせいにしても問題は解決しません。自分の問題として腹をくくることです。すると問題解決がスタートして、道は開けてきます。

今の状況を変えるのも変えないのも自分です。これは自分の良いと思う方向に環境を変える源は自分

1 いきなり後ろから抱きつかれたら、

2 相手から離れようとせず、丹田を意識して体のバランスを整えて自分の背中を相手の腹側にピタリとつけて、相手の手に手を乗せて接触面を下げる。

3 足の甲への踏みつけを確実にあてるため、相手の脛を探る。

4 相手の足の甲を踏みつけ、ダウンしている隙に逃げる。

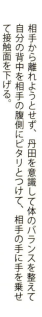

という「主体性」の法則です。

写真② 後ろから抱き締められたら相手から離れようとせず、丹田を意識して体のバランスを整えて、自分の背中を相手の腹側にピタリとつけます。相手から逃げようとして力がぶつかるのでなく、相手の力の方向に自分の体を動かします。そして手を相手の手に乗せます。持たれた状態から持った状態に変え、相手の主体的動きを止めます。膝と股関節をゆるめて、自分がより安定した姿勢になるように相手との接触面を下に下げます。そうなると相手は完全に崩れます。

写真③ 足の甲を踏みつけが確実に当たるよう相手の脛を探ります。

写真④ 足を踏みつけ、ダウンしている隙に逃げます。

以上のように暴漢から逃げられる状況を自ら作り、主体的に緊急事態を脱します。

逃げられる状況は何となく生じてくれたりはしないのです。自らそういう状況を作り出さなければそうはなりません。後ろから抱き締められたら、その手がゆるんだり、放してくれたり、そういう状況になってくれればありがたいですが、そうはいきません。力ずくで振りほどこうとして相手の力が自分より弱くあってくれれば脱出できますが、そう都合良くあってはくれないのです。

だから相手から離れようとするのでなく逆に背中をピタリと付けていくのです。これは相手と自分とを一体化させた〝全体〟を、主体的にコントロールしていくためです。放してくれることを期待するのでなく、自ら、根本的に相手に放させる行動をするのです。

技をかけるのも自ら動く主体的行動ですが、「火事だ！」と大きな声を出して助けを求めるのも自ら動く主体的行動です。こういう時に「きっと自分以外の誰かが助けを呼んでくれるだろう」ということを期待して黙っているのが駄目なのは言うまでもありませんよね。

何か問題が生じた場面では、〝なりゆきまかせ〟で事態が好転することはほとんどありません。どんな場面でも、主体的に行動することを心がけてみて下さい。

気をつけなければならないのは、「主体的に行動する」ということを「やみくもに行動する」と解釈してはならない、ということです。何が何でも自分から動け、という意味ではないのです。

やみくもに行動する前に、しっかりと状況を観察し、把握しなければなりません。そうすれば、どう行動すればよいかが見えてきます。〝状況を観察する〟というのも、立派な主体的行動です。

片手を取られた時、その手をはずさせることを考えてみます。

やみくもに振りほどこうとしても、はずれてはくれません。でも、主体的行動によってこれが可能になるのです。

まず、相手につかまれた手を鍵手にし、抜いた後に自分の体勢を崩さないために足を軽く前に出しておきます。それから肘を前に出し抜きます。（次ページ写真参照）

足を軽く前に出す時、相手につかまれたところを相手の方向に押さないことがポイントです。右列写真①～③のように、相手との接点を相手の方向に押すと力がぶつかり相手は身構えるので、抜きにくくなります。ましてや腕を引いたり振りほどこうとして抜けません。つかまれたら、相手を無用に刺激し

相手が片手をつかんできた時、

つかまれたその手を相手方向に押そうとしてしまうと、

相手が押そうとしていなくても自然に力のぶつかり合いになり、抜きにくくなってしまう。

つかまれたら、その接点が動かさずに、

相手に向かって一歩踏み出し、

肘を前に出すと自然に手が抜ける。

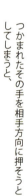

ないことです。つかまれたところ即ち相手との接点は動かさずに足を一歩出し、肘を前に出しながら自分が腕を抜きやすい状況を作っていきます。

自分の望む方向に状況を変えるのは相手を動かすのでなく自分が動く「主体性」の法則です。

「おれの言うことを聞け！」と相手を無理やり動かそうとしても相手は思うように動いてくれません。

相手が動きやすい状況になるように、自分から動くことです。

第4章

シチュエーション別護身技法

1 どんな場面にも共通する護身のための心得

本章では、殴ってくるとか、つかんでくるとか、さまざまにあるシチュエーションごとに、実際の護身技法を解説していきたいと思います。

その前にまずは、どんなシチュエーションにおいても共通する〝原則〟のような心得について触れておきたいと思います。

つかまれた腕は〝やりたいようにさせてやろう〟くらいの気持ちで。

1）気持ちを楽に

つかまれた腕を振りほどこうとすると「とてもできない」「絶体絶命だ」と思い、心と体が固まってしまいます。でも、これまで述べてきたように、相手の力に抗《あらが》って振りほどこうとする必要は、実はないのです。「相手が持ちたいのであれば持たせてあげよう」と思えば気持ちが楽になります。「自分のことを考えたら、相手のことを考えろ」の法則です。

日常生活でも他の人が自分に対して何かをした時、自分のどうしても我慢できないこと以外はそのままさせてあげます。その時、相手の気持ちを考えてみます。自分に対して良かれと思っ

〝全面観察〟をすれば、腕をつかまれていても、反対の腕や足は自由に動かせることが見えてくる。

てされたのかもしれません。そこで終われば、仲良く別れるだけです。

2）現実を受け止める

今起こっている状況が嫌な場合でも、自分の問題として受け止めることが大事です。「主体性」の法則です。この状況が嫌なのは自分なのでそれを解決するのは自分です。相手が手を放してくれればいいのですが、放してくれません。相手がつかむのが悪いとか、誰も助けてくれないとか他人のせいにしてもこの場からは逃げられません。現実を受け止めなければ問題解決はスタートしないのです。

そのためにはまず丹田を意識して体と心を落ち着かせます。丹田を意識していれば、振り回されることもありません。すると状況が見えてきます。

3）〝全面観察〟をする

上掲写真のように、自分は取られた腕以外は手も足も体も動かせます。動かせる部分の方が多いのです。絶体絶命ではあり

左足を相手の右足の前に出し、相手の右肩をつかみつつ振り返って、急所へ膝蹴りを入れる。

ません。相手は両手で自分をつかまえているので両手が使えません。さらに相手の目、喉、腹、股間など急所ががら空きです。右掲写真①〜③のように、がら空きの急所に当て技をします。「中心・本質を攻める」法則です。相手が一瞬ダウンしますので、その間に逃げればいいのです。

相手がしてきたこと自体とケンカしないことによって、気持ちを楽に保て、それによって体と心が固まらずにいれて、さらに〝全面観察〟にまで気がいけば、なすべきことが見えてくる……こうして主体的に対処するためのお膳立てができる訳です。

これらの要素は相互に関連し合っています。

❷ 打撃に来られるケース

まずは相手が殴ってきたり、蹴ってきたり、そういった打撃への対処を考えてみましょう。

ある意味、これが一番怖い、と考えている方も多いと思います。そりゃ、怖いですよね、殴られるなんていうことを想像すると。

でも、何もボクシングのリングに上がれ、と言われている訳ではないんです。ボクシングや空手の試合をやれ、と言われている訳ではない。あなたにダメージを負わせるためにさんざん練習してきた〝研ぎ澄まされた攻撃〟を放ってくる訳ではないんです。

大事なのは心と体がパニックにならないことです。そして、〝相手が見えている状態〟にあることです。見えていれば、相手の一撃に対応するのはさほど難しいことではありません。ラッシュしてくるのを全部さばけ、なんて言われたらそれは至難の業ですけど、そうではありませんから。少なくとも、初撃は必ず何とかできます。

１）対中段突き　体さばき～目当て

写真①～②　相手が中段を突いてきた時、

写真③　斜め前に体をさばいて突きをかわし、

1）対中段突き　体さばき～目当て

相手が中段（腹のあたり）を突いてきた時、

斜め前に体をさばいて突きをかわし、

目当てをする。

写真④ 指先で払うように目当てをする。

〈力学的原理と脳力開発のポイント〉

写真① 相手の拳を見るのでなく相手の体全体を見ます。相手の体の動き始めが分かり、楽に対応できます。「全面観察」の法則です。

写真②〜③ 相手は突きたいので突かせてあげます。止めたり払ったりしなくていいのです。自分は突かれると痛いので斜め前に体をさばき、突きをかわします。譲れる範囲はできるだけ譲ります。相手が突くことで満足し、そのあと何も起こらなければ仲良く別れればよいのです。相手の気持ちを受け止めます。「自分のことを考えたら、相手のことを考えろ」という法則です。ちょっと高度なことのように聞こえるかもしれませんが、相手に〝突かせる〟ということは、相手がどこを突いてくるかがわかる、ということでもあります。逆らわないということは、こういう意味合いでも打撃への対処をしやすくしてくれるのです。

写真④ 相手が本気で突いてきたのであれば、この場から逃げなくてはいけないので、目当てをして相手を一瞬ダウンさせます。相手の急所、中心を攻めます。目潰しではありません、目当てです。「自分もよし、相手もよし」です。

◎一言メモ

護身道では目潰しでなく目当てのように当て技を使います。目に指を突き刺すのではなく、指で目を払ってひるませるのです。相手が暴漢といえども時間がたてば元に戻る技を使うのです。ここでも「自分のことを考えたら相手のことを考えろ」という法則です。相手に怪我をさせたり、過剰防衛になれば刑事事件になるか、もしくは良心の呵責に悩まされることにもなります。当て技は「相手もよし、自分もよし」です。

2）対中段突き　流し手〜平手当て

写真①〜②　相手が腹を突いてきたら、

写真③　流し手・腰捻りで相手の突きに自分の腕を添わせるようにしてかわす。

写真④　その反動で体を反対にひねり、手の平を相手の顔に当てます。

〈力学的原理と脳力開発のポイント〉

写真①　相手の拳を見るのでなく相手の体全体を見ます。相手の体の動き始めが分かり、楽に対応できます。「全面観察」の法則です。

写真②〜③　相手は突きたいので突かせてあげます。止めたりつかまえたりしなくていいのです。流し手・腰捻り（51ページ参照）で力がぶつからないように、突きに添わせるようにしてそらせます。相手の突きに対してバチッとぶつけるような受けを狙うならば、それは突きをピンポイントにとらえなければならず、かなり熟練が必要な動きです。しかしここでのような、相手の意図を通させ、それに添うよ

2）対中段突き　流し手〜平手当て

相手の全体をとらえる。

相手が中段突きにきたところ、

流し手を相手の突きに添わせるようにしてそらせながら腰を捻り、

その反動の回転力で平手打ちを入れる。

うに脱力した腕で受け流す操作はかなり確率の高いものになってきます。

写真④ 手の平を相手の顔に当て、中心を攻めます。

◎技のポイント

写真②～③で丹田を意識して体をひねると、あるところで自然に止まり、その反動の回転力が出てきます。その回転力のままに平手打ちを相手顔面に入れます。

3）対中段突き　小手返し

相手と力のぶつからない体の使い方をします。

写真① 相手の全体を見る。

写真② 相手の中段突きを、流し手をしながら斜め前に体をさばき、突きをかわす。

写真③ 相手の突き手に左手を乗せる。

写真④～⑤ 左手を乗せたまま、逆の方向に体をさばき、相手の方を向く。下半身の動きと連動して相手の手の甲を押し、小手を返す。

写真⑥ 右手を相手の指の上に置き、真下の方向に指を押さえて崩し落とす。

3）対中段突き　小手返し

1 相手の全体を見る。

2 相手の中段突きを、流し手をしながら斜め前に体をさばき、

3 相手の突き手に左手を乗せる。

4 左手を乗せたまま、逆の方向に体をさばき、相手の方向を向く。下半身の動きと連動して相手の手の甲を押し、小手を返す。

5

6 右手を相手の指の上に置き、真下の方向に指を押さえて崩し落とす。

〈力学的原理と脳力開発のポイント〉

写真③ 体をさばく時、力がぶつからないように相手との接点は動かしません。そこを中心に体をさばき、円運動を行ないます。相手を動かそうとせず、自ら動く「主体性」の法則です。

写真⑤ 指を押さえる時、力がぶつからないようにするため、相手との接点は横方向に押さず、真下に押します。

◎技のポイント

写真③ 体さばきの後、さらに腰を回しながら、相手と接触している腕を回し、相手を突きの方向に送り崩します。

写真③～写真④ 体さばきの時、体と手は連動しているので、体をさばいた後は、自然に相手の小手が返っています。

4）対上段突き　舞手受け～肘当て

写真① 相手が自分の顔を目がけて突いてきた時、

写真②～③ 手を前に出し、相手の手と交差させ、突きをかわす。足は次の動きのために軽く出し、拇指球を軽く床につけておく。

写真④ 交差した手を相手の肘に添え、舞手（54ページ参照）をしながら前に体をさばく。

４）対上段突き　舞手受け～肘当て

1
相手が自分の顔を目がけて突いてきた時、

2
手を前に出し、相手の手と交差させ、突きをかわす。足は次の動きのために軽く出し、拇指球を軽く床につけておく。

3

4
交差した手を相手の肘に添え、舞手をしながら前に体をさばく。

5
相手の方に重心移動しながら腹部へ肘当てをする。

6

舞手受けの動き

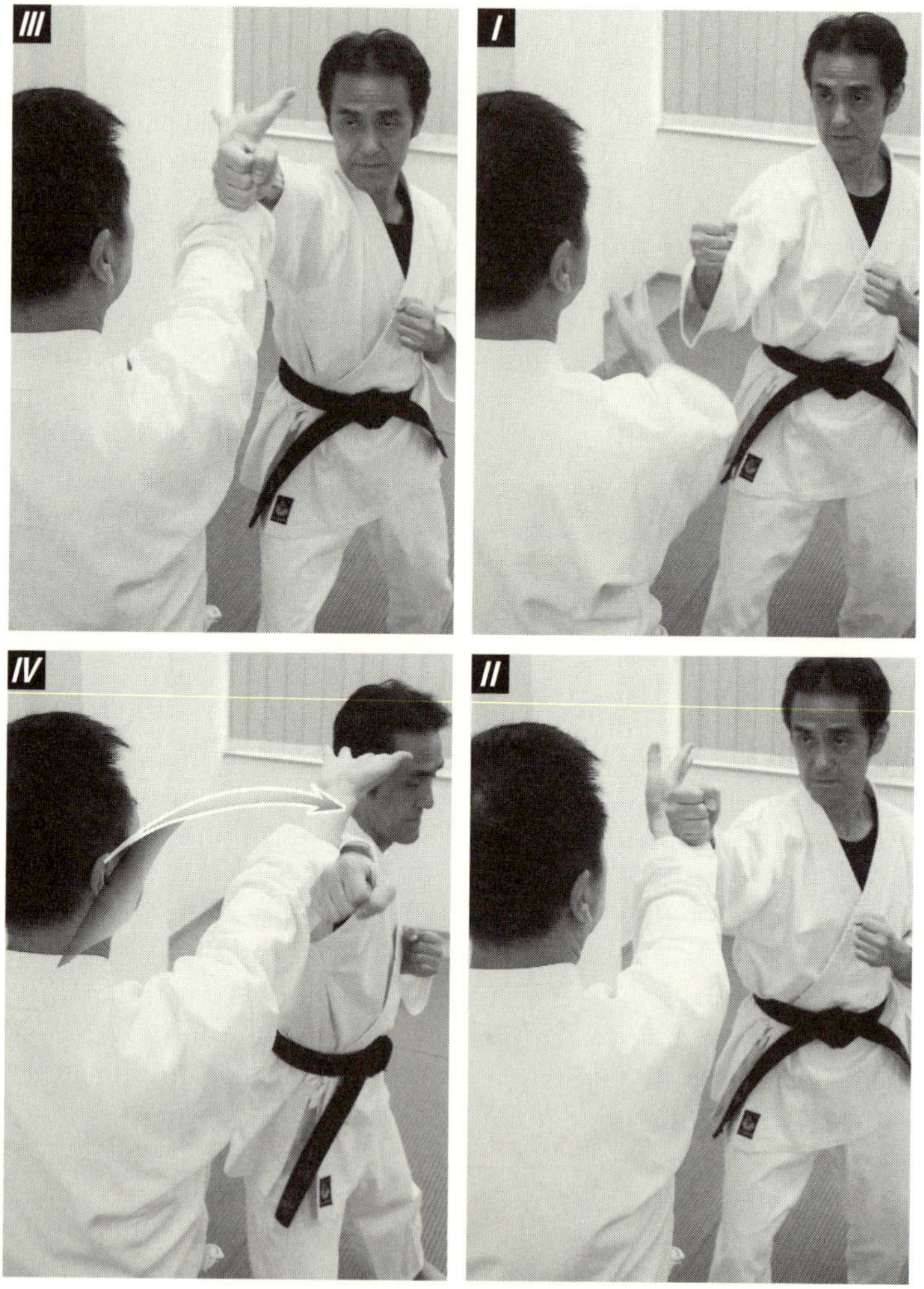

親指側を上にして出し、捻りながら外へ開く。結果として〝スパイラル〟の動きが生まれる。

写真⑤〜⑥ 相手の方に重心移動しながら腹部へ肘当てをする。

〈力学的原理と脳力開発のポイント〉

写真① 相手の拳を見るのでなく相手の体全体を見ます。相手の体の動き始めが分かり、楽に対応できます。「全面観察」の法則です。

写真②〜③ 相手は突きたいので突かせてあげます。止めたり払ったりしなくていいのです。手を交差した時、力はぶつかりません。「自分のことを考えたら、相手のことを考えろ」という法則です。

写真③〜④ 相手の肘に手を添えながら、そこを中心に円運動で前に体をさばきます。この時も力はぶつかりません。

写真⑤〜⑥ 脇腹はがら空きになっていますので、重心移動をしながら肘を当てます。「中心・本質を攻める」当て技です。

打撃を一つ防いでも、すぐに次の攻撃が来るのではないかとビクビクしていると、いつまでも相手の手に固執せざるを得なくなってしまいます。「中心・本質を攻める」ことができれば、次撃は来ません。

◎技のポイント

写真②〜③ 足を前に出すとき、交差する手が相手の突きとぶつからないように、気持ちを前に出しながら、前ページ写真Ⅱのように親指側を上にして出し、写真Ⅳの位置まで回転します。スパイラルの動きです。

写真③　相手の肘を手で制すのではなく、体さばきと舞手を連動させて下半身の動きを手に伝えます。

5）対フック打ち　鍵手受け～巻き込み投げ

鍵手受け（38ページ参照）ができるようになると、ぶつからない技に応用できます。

写真①　相手がフック打ちにきた時、

写真②～③　手を鍵手にして斜め上前に出しながら、相手のフック打ちを受け、

写真④　後ろに体をさばきながら、

写真⑤～⑥　鍵手を下に向け、左手を巻き込み、投げる。

〈力学的原理と脳力開発のポイント〉

写真②～④　鍵手で気持ちを前に出しながら、後ろに体をさばくと力がぶつからずに相手を崩すことができます。

〝フック打ちを食い止めなきゃ！〟と思っていると、自然に腕を固めて動けない状態になってしまいます。それでは受けられてもそのまま体が持って行かれます。鍵手は力まずに強い腕の状態が作れる形なので、ガチッと受け止めるのでなく、相手がしたいようにさせてそれに柔らかく〝付き添う〟ようなイメージで流しましょう。そう思えたら、体が固まらなくなってきます。それが、急場でも動ける体です。

5）対フック打ち　鍵手受け〜巻き込み投げ

相手がフック打ちにきた時、

手を鍵手にして斜め上前に出しながら、フック打ちを受け、

後ろに体をさばきながら、

鍵手を下に向け、右手を巻き込み、投げる。

6）対中段蹴り　うっちゃり投げ

蹴りは手による打撃よりも威力が上ですが、「全面観察」を行ない、放てば必ずバランスを崩しやすい体勢になる諸刃の剣だということが見えてきます。つまり、実は勝機も多いということです。威力が大きいからとそれを食い止めたり弾き返したりしなければならない対立的な存在としてとらえていると脅威ですが、逆に利用し得るものと考えられると対応できるようになります。

写真①　鍵手の構えをとる。
写真②　相手が中段蹴りに来た所、その蹴りの線を外し、鍵手で顔をガードしつつ前へ出る。
写真③　前に体をさばき、腕に相手の足を乗せる。
写真④　腰をいったん後ろに移動し、腰を円の動きにして前に投げる。

〈力学的原理と脳力開発のポイント〉
写真②　相手は蹴りたいので蹴らせてあげます。力がぶつからないように、蹴りの線を外し、かわします。
写真④　いきなり投げようとすると力がぶつかりますので、腰をいったん後ろに移動し、腰の円の動きで前に投げます。

6）対中段蹴り　うっちゃり投げ

1 鍵手の構えをとる。

2 相手が中段蹴りに来た所、その蹴りの線を外し、鍵手で顔をガードしつつ前へ出る。

3 前に体をさばき、腕に相手の足を乗せる。

4 腰をいったん後ろに移動し、腰を円の動きにして前に投げる。

❸ 手をつかまれるケース

手をつかまれると、必要以上に自分の自由が奪われたように感じてしまうものです。そこで思考力が力を発揮します。先述のように、多面的に物を見てみると、いろいろな事が分かってきます。いろいろな策があることが見えてくるのです。

1）対両手取り　急所膝当て

写真①　両手を取られた時、
写真②　鍵手にして、
写真③　相手の方に踏み込んで、
写真④　脱力して落ちるように身を沈め、相手の体勢を崩しながら、
写真⑤　がらあきの股間に膝を当てる。

〈力学的原理と脳力開発のポイント〉

写真②～写真③　相手につかまれたところ即ち相手との接点は動かさずに力がぶつからないように、動きます。「できないことはせず、できることをする」というのも、護身道における大切な指針の一つです。

1）対両手取り　急所膝当て

相手が両手をつかんできた時、

手を鍵手にして、

相手の方向に踏み込んで、

脱力して落ちるように身を沈め、相手の体勢を崩しながら、

がらあきの相手股間へ膝を当てる。

写真④で力ずくで落とそうとすると相手の力とぶつかってしまう。

勝てない力比べを頑張ってやろうとしても無意味です。こんな状況でもできることは何か。それは必然的に相手とぶつからない方向になってきます。

「力を出す体の使い方」をして少しずつ有利な状況にしていきます。相手を動かそうとせず、自分から動く「主体性」の法則です。

写真② 鍵手にして相手の手のつかむ力を弱めます。

写真③ 持たれたところ、相手との接点は動かさずに、足を一歩前に出します。

写真④ 前足に重心を移動し、膝をゆるめ、相手を下方向に崩します。下方向への重心移動です。

写真⑤ 相手が動けないようにして、膝当てをします。「中心・本質を攻める」です。

◎技のポイント

写真④ 前足に重心を移動するとき、体重は、鍵手の手首にのせます。写真④のように力で下に押そうとすると、押し返され肩が上がります。

写真⑤ この時、膝を前に出すと自分のバランスを保つために手を後ろに引きます。結果的に相手を引き込んでいることになります。

2）対両手取り　うっちゃり投げ

力のぶつからない投げ技です。巧妙で熟練が必要な投げ技のようにも見えますが、本書でご紹介してきた〝戦略〟や運動原理から進めていっても、こういう技はできるようになれます。
「単に相手の力とぶつからないように動いた結果」という言い方もできるかもしれません。

写真① 相手が両手をつかんできた時、
写真② 右足を少し前に出す。
写真③ 腰をひねり、
写真④ 相手の手を横に動かしそのまま上に上げる。
写真⑤ 手を上げたまま相手に腰をピタリと付け、
写真⑥ 重心移動で天井に山を描くように相手を投げる。

〈力学的原理と脳力開発のポイント〉
写真① 両手を前に出し、相手を誘い、手を取らせます。主導権をとる、「主体性」の法則です。
写真② 右足を少し前に出す時、相手に持たれたところ即ち相手との接点は動かさないことがポイント。相手との接点を動かすと相手はその動きに反応し身構えます。無用に相手を刺激しないことです。
写真③ 相手を押すことはできませんが、腕を横に動かすことはできます。「できないことはせず、できることをする」です。
写真③～写真④ 真横に腕をあげると相手は崩れます。「主体的」に有利な状況をつくります。
写真⑤～写真⑥ 腕で投げるのでなく、重心移動で投げます。重心移動に合わせて手を動かし投げます。

2）対両手取り　うっちゃり投げ

1 相手が両手をつかんできた時、

2 右足を少し前に出す。

3 腰をひねり、

4 相手の手を横に動かしそのまま上に上げる。

5 手を上げたまま相手に腰をピタリと付け、

6 重心移動で天井に山を描くように相手を投げる。

相手を腕力で動かそうとすると力がぶつかるので、天井に山を描くように投げることがポイント。「テコの原理」の応用です。相手との接点である腕を押そうとすると力がぶつかりますが、自分の肩を支点に、相手との接点を作用点、天井に山を書くところを力点にすれば大きなテコを使っていることになります。

3）対横腕取り　膝崩し投げ

二の腕のあたりからガッチリと抱え込むようにつかまれると、いかにももう身動きとれないように感じてしまいますが、「全面観察」をすれば、意外に腕を動かせる方向があることが見えてきます。

ここでは左腕を抱え込まれた形で示しますが、両側から同時に腕を取られた時にも有効になってくる技です。

写真①　相手が横から腕をつかんできた時、
写真②　肘を後ろに引き、相手を後ろへ崩す。
写真③　腰をひねり、膝を相手の膝の横へ当てる。
写真④　相手の膝に当てた膝を下に落とし、崩し落とす。

〈力学的原理と脳力開発のポイント〉
写真①　つかまれた腕を振りほどこうとしてもなかなか振りほどけません。「相手が持ちたいのであれば持たせてあげよう」と思えば気持ちが楽になります。「相手のことを考えろ」の法則です。

3）対横腕取り　膝崩し投げ

1 相手が横から腕をつかんできた時、

2 肘を引き、相手を後ろへ崩す。

3 腰をひねり膝を相手の膝の横へ当てる。

4 相手の膝に当てた膝を下に落とし、崩し落とす。

写真②　腕を振りほどくことはできませんが、肘を後ろに動かすことはできます。「できないことはせず、できることをする」法則です。

◎技のポイント

写真①　横から腕を取られた時、引き込まれないように丹田を意識します。

４）対後両手取り　肘当て

背後から両手をつかまれる形です。相手の姿が見えない状態なので誰でもかなり恐怖心を伴うでしょう。

こんな時、無理してその恐怖心を鎮めようとする必要はありません。〝恐怖心〟などは放っておくつもりの方がむしろおさまってきます。

それよりもするべき事は、やはり「全面観察」です。

相手の姿は見えずとも、自分の両手がどんな風につかまれているのかがわかると、自分の背後に相手がどんな風にいるかという事は、すぐにわかります。

そこが見えてきたら、できればさらに自分と相手を含めた全体の姿を俯瞰してみましょう。ここに掲載する写真も参考にしてみて下さい。

すると、自分よりも相手の方が不自由で力を入れづらい体勢であることがわかります。

写真①　後ろから両手首をつかまれた時、

写真②〜写真③　相手との間の遊びをなくすため、自分の背中を相手の腹側に付け、鍵手にする。

写真④　膝をゆるめ、前方下方向へ両手を落として手首を抜く。

写真⑤〜写真⑥　腰を切り、肘を相手の腹に当てる。

〈力学的原理と脳力開発のポイント〉

写真②〜写真③　相手との間の遊びをなくすため、背中を相手の腹側に付け、有利な条件を作ります。相手との間に空間があると手首を抜くときに、相手が前に出ると抜けないことがあります。

気持ちとしては相手から離れたくなってしまいますが、〝対立〟より〝協調〟の意識を先行させると、「相手に近付く」という、結果として全体をコントロールしやすくなる身の処し方ができるようになります。相手から中途半端に離れる方が、危険度が高まるケースも多いことも、考慮に入れて下さい。

写真④　自分の背中を相手に密着させると、手首を抜くことは簡単にできます。この瞬間、相手は非常に無防備な状態になります。腹へ肘当てを入れるのは、そう難しいことではありません。

後ろからつかまれて〝どうにもしようがない〟と考えてしまうのではなく、できることを見つけて、それをやっていくのです。相手はそもそも非常に不自由な状態にありますので、慌てなくとも大丈夫です。鍵手にして相手のつかむ力を弱め、相手に背中から密着して、自ら有利な条件を作っていきます。「主体性」の法則です。

4）対後両手取り　肘当て

後ろから両手首をつかまれた時、

自分の背中を相手に付け、

鍵手にする。

膝をゆるめ、前方下方向へ両手を落として手首を抜く。

腰を切り、肘を相手の腹に当てる。

❹体幹を制御されるケース

胸元をつかまれたり、体ごと抱きかかえられたりして体幹の自由を奪いにくるケースでは、より〝制御されている〟感覚を持ってしまいがちです。

でも、「全面観察」を行なって思考を巡らせてみれば気付けますね。

自分の手足が自由であることに。

1）対肩取り　体さばき投げ

写真①　相手が片手で肩をつかみ、押して来た時、

写真②　その力に逆らわず、相手の押して来る方向に体をさばく。

写真③〜④　体さばきをすると、相手は崩れるので、相手の腕に手を乗せて体を沈めつつ投げる。

〈力学的原理と脳力開発のポイント〉

写真①　つかまれると無意識に振りほどかなければと思い、押されると押されないようにしなければと思います。

相手の押したい気持ちを受け止め、押させてあげます。押されると自分が崩れるので、崩れないよう

1）対肩取り　体さばき投げ

相手が片手で肩をつかんで押して来た時。

その力に逆らわず、相手の押して来る方向に体をさばく。

体さばきによって相手は崩れるので、相手の腕に手を乗せて、

体を沈めつつ投げる。

相手の押す力を感じながら、後ろに体をさばきます。この時自分が崩れないことが重要です。そこで相手が満足すれば終わりです。仲良く別れればよいのです。逆に相手が押してくるのに力で止めると、力がぶつかり相手はさらに押してきます。「自分のことを考えたら、相手のことを考えろ」という法則です。

押させてあげて後ろに体をさばくと、自分は崩れませんが、相手は崩れます。相手のやりたいことをさせてあげると、結果として自分にとって都合のよい状況になります。押されないように頑張らなくていいし、力がぶつからないので気持ちも楽になります。

2）対胸取り　小手返し

写真①　相手が左手で胸を取り、引いて来た時、
写真②　引かれた方向に重心を移動し足を出しながら、
写真③　右手を相手の左手の甲に添え、左手で相手の肘を引き上げつつ、
写真④～⑥　小手を返す。

〈力学的原理と脳力開発のポイント〉

写真①　つかまれると無意識に振りほどかなければと思い、引かれると引かれないようにしなければと思います。

相手の引きたい気持ちを受け止め、引かせてあげます。引かれると自分が崩れるので、崩れないよう

2）対胸取り　小手返し

相手が左手で胸を取り、引いて来た時、

引かれた方向に重心を移動し足を出しながら、

右手を相手の左手の甲に添え、左手で相手の肘を引き上げつつ、

小手を返す。

相手に“引かれる”のでは、相手のなすがままであり、崩されてしまうが（図上）、主体的に“引かせる”と、相手動作への対応、それを踏まえたわずかな操作が無意識下で加わり、逆に相手を崩す事ができる（図下）。

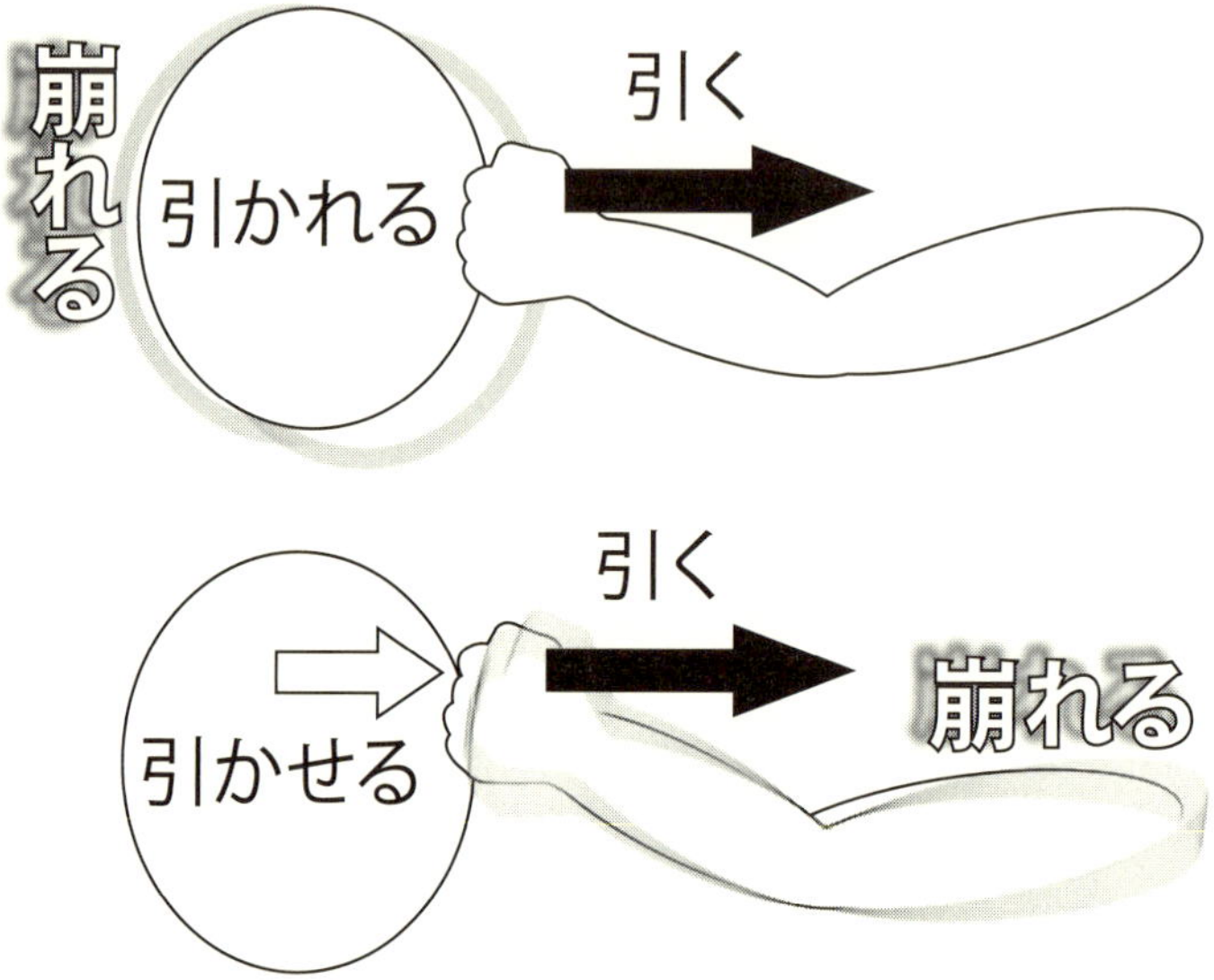

相手の引く力を感じながら足を前に出します。この時自分が崩れないことが重要です。そこで相手が満足すれば終わりです。仲良く別れればよいのです。逆に相手が引いてくるのを力で止めると、力がぶつかり相手は反対の手で殴りかかってきます。「自分のことを考えたら、相手のことを考えろ」という法則です。

引かせてあげて足を前に出すと、自分は崩れませんが、相手は崩れます。これは、自分が「主体的」に〝引かせている〟からです。

〝引かせている〟体の動きは、相手がどうしたいかわかっている、のが前提となります。

相手の動きたいように動かせてあげると、結果として自分の有利な状況になっています。押されないように頑張らなくていいし、力がぶつからないので気持ちも楽になります。

3）対後抱え　肘当て

今度は後ろから胴体部分を腕ごと抱え込まれる形です。

これも１２１ページの例と同様に相手の姿が見えませんが、「全面観察」すれば、すぐに相手の体勢は見えてきます。

〝背後から攻められている〟という点だけをとらえると、圧倒的不利な体勢のように思えるのですが、これは一面的な見方であり、〝思い込み〟です。相手が両手をもって抱え込みにきていることも含めて考えると、相手は非常に無防備な状態にあるのです。

自分は体幹のみならず腕も不自由な状態にありますが、これはすぐに脱出できます。

写真① 後ろから抱きつかれ、締め付けられた時、

写真② 手を相手の手に乗せ、締め付けられている右側の方向に重心を移動する。

写真③ 肘を上げて肘当ての隙間を作る。かつ首を絞められるのを避ける。

写真④ 左肘を相手の腹に当てる。

〈力学的原理と脳力開発のポイント〉

写真① 相手は抱き締めたい、であれば、振りほどこうとせず抱き締めさせてあげます。

3）対後抱え　肘当て

後ろから抱きつかれ、締め付けられた時、

手を相手の手に乗せ、締め付けられている右側の方向に重心を移動する。

肘を上げて肘当ての隙間を作る。

左肘を相手の腹に当てる。

対後抱え　肘当て（横から）

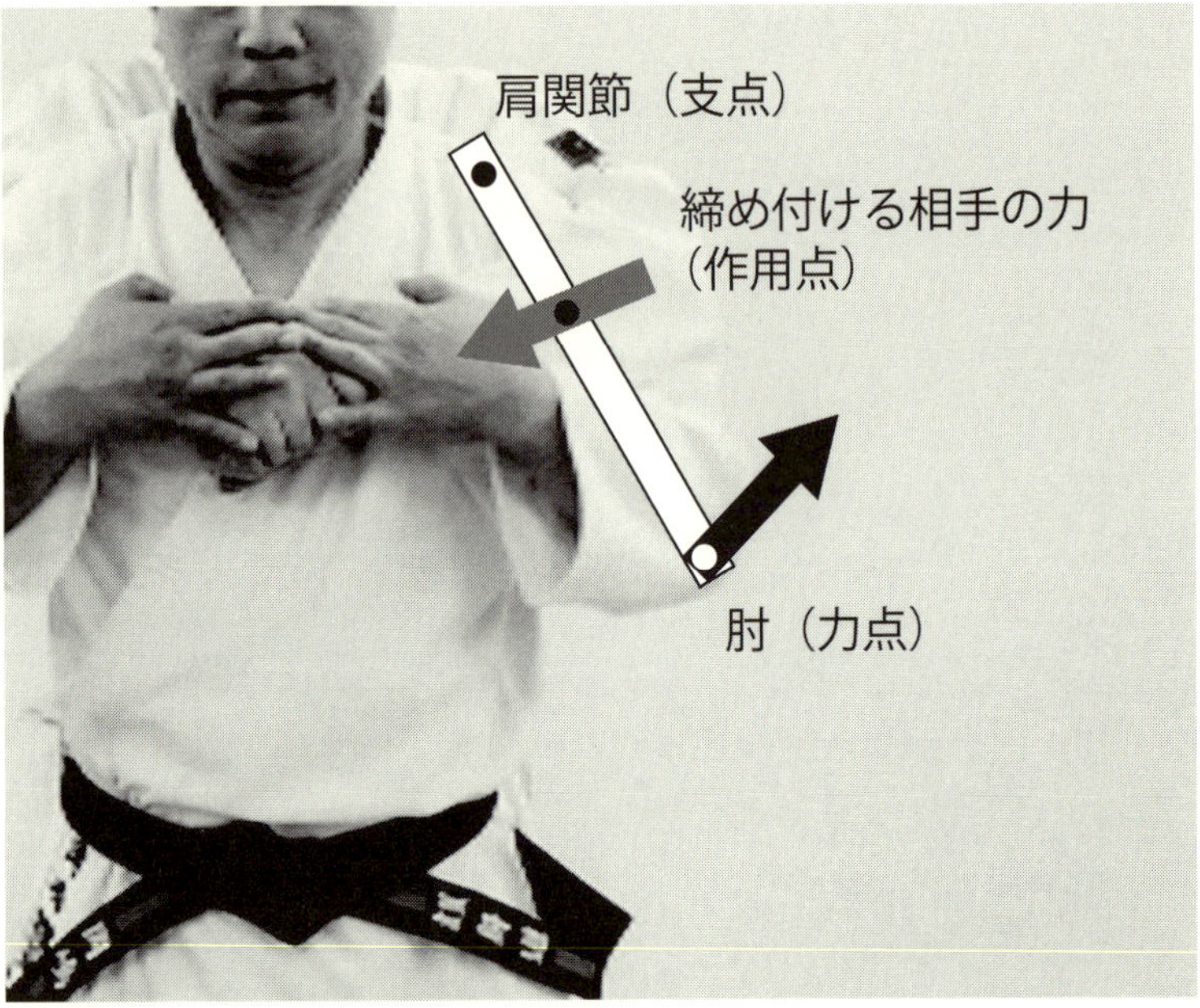

写真②　締め付けられる力とぶつからないように、重心を移動します。

写真③　肘を上げて肘当ての隙間を作ります。これは思ったよりも難しくありません。それは、肘を上げる動きが、締め付ける相手の力を少しズレた所からテコをもってこじ開けていくような関係になるからです（上掲図参照）。

相手の力に真っ向から対抗しようとするのでなく、肘を上へ向かわせるようなイメージで上腕を回転運動させると上手くいきます。

写真④　肘当てをします。「中心・本質を攻める」です。

◎技のポイント

写真①　後ろから締め付けられる時、締め上げられないように丹田を意識しておきま

す。

写真②～④　右肘を上げるのは、右足の親指のラインに重心を移動し、右の体側を伸ばしながら行ないます。

4）対後抱え　小手捻り

前項の技で肘を上げて締め付けをゆるめ、肘当てで脱出することができるようになると、後ろから抱きかかえられた状態がさほど怖くなくなってきませんか？　そうする無駄な力みが消え、自由度がどんどん上がって来ます。いろいろな状況要素を鑑みて、考えるほどに、より一層恐怖は薄れて行きます。思えば、怖かったのは単に脳が働いていない状態であり、「怖い！」と考えていた訳ではなかったことがわかります。

自由度を拡大し、今度は相手を〝制圧〟するところまで持って行ってみましょう。

写真①　相手が後ろから抱きついてきて締め付けられた時、

写真②　手を相手の手にのせる。

写真③　締め付けられている左側の方向に重心を移動し、肘を上げ、相手の腹に肘当てをする。

写真④～⑤　相手の手に自分の手をのせたまま、相手の方に体を回転し、相手の胸に頭をこすり付けながら体を回し相手の方を向いていき、相手の手の平に手を添えながら、手を胸の前まで上げ、相手の手

対後抱え　小手捻り

1

相手が後ろから抱きついてきて締め付けられた時、

2

手を相手の手にのせる。

3

締め付けられている左側の方向に重心を移動し、肘を上げ、相手の腹に肘当てをする。

4

相手の手に自分の手をのせたまま、相手の方に体を回転し、相手の胸に頭をこすり付けながら、体を回し相手の方を向いていき、

対後抱え　小手捻り（続き）

5

相手の手の平に手を添えながら、手を胸の前まで上げ、相手の手の平を相手の顔に向けるように捻る。

6

下に引き崩し、

7

床に伏せさせる。

8

の平を相手の顔に向けるようにひねる。

写真⑥〜⑧　下に引き崩し、床に伏せさせる。

〈力学的原理と脳力開発のポイント〉

写真③　手を引きはがそうとか、そういった末梢に固執せず、相手自体に肘当てをします。「中心・本質を攻める」です。

写真③〜⑤　相手の胸に頭をこすりつけながら体を回します。相手から離れたい気持ちでしょうが、しっかり相手にくっつき向かい合います。好き嫌いや気分より、身を護るという戦略・目的を優先します。

◎技のポイント

写真③〜⑤　相手の手に左手を添えたままにしておくと、体と手は連動しているので相手の方を向いた時は小手を捻っています。

体を回し相手の方を向く時、左足の拇指球を中心に回転します。

相手の手に左手を添え、相手の手の平を相手の顔に向けるようにひねる時、右手は相手の手の甲から指に移します。手の甲をひねると相手の力が強ければ返されます。

❺ 首を絞められるケース

1）対前首絞め　体さばき投げ

最後に、首を絞めにこられるケースをみてみましょう。

当然ながら、急所であり、絞められ続けていれば絶命にも至る大変なところを攻められている訳です。と、どうしてもパニックになってしまいますね。

パニックになってしまうと被害としてはよけいひどいことになる、というのは他のケースと一緒です。力んだり固まったりしてしまってはまずい訳です。

一つのポイントは気道を確保するという事。これで最悪の事態は免れます。そうできたら、リラックスできた方が勝ちです。

柔道や総合格闘技で見られるような締め技で絞め落とされるようなことは、そういう〝絞め技〟でしかなかなか成立しません。よって、気道を確保できれば、まずは第一段階突破です。

考えてみましょう。相手は両腕を使ってこちらの細い首をつかみにきています。力んでいると言えばこの上なく力んでいる状態であり、かつ、これまでのケース同様、非常に無防備な状態です。

写真①　前から首を絞められた時、

1）対前首絞め　体さばき投げ

1

前から首を絞められた時、

2

相手の手を自分の胸に押し付けるようにし、気道を確保する。

3

後ろに体をさばき、相手を振り回すように体を沈めつつ投げる。

4

写真②　相手の手を自分の胸に押しつけるようにし、気道を確保する。
写真③～④　後ろに体をさばき、相手を振り回すように体を沈めつつ投げる。

〈力学的原理と脳力開発のポイント〉

写真①　前から首を絞められると、首を絞められないように押し返すのではなく、相手の手を自分の胸に押し当てるようにすると、気道を確保できます。相手はいくら力んできても、思うようには絞められなくなります。それでもさらに首を絞めに押してきたら、思う通り絞めさせてあげます。力がぶつからないことがポイントです。

写真②　前から首を絞めにくる場合、その力は必ず押してくる方向になります。その押してくる力を利用して後ろに体をさばきます。押してくる力に対抗せず、むしろ自分の力を添加させて投げます。プラスの武道です。プラスの方向ですから、全然苦もなく投げることができます。力などは要りません。

こうしてみると、首を絞められるのは確かに危険なのですが、殴ったり蹴ったりされるよりも攻撃箇所は一極集中型でかつ、必ず相手は力んでいる、そういう意味では対処しやすいシチュエーションであることが見えてきます。

〝絶体絶命のピンチ〟……それが脳の力で別のものに変わるのです。

2）対馬乗り首絞め　横押し倒し

写真①　寝ている間に首を絞めに来られたら、その手を自分の胸に押し付けるようにして気道を確保し、膝を立てる。
写真②　手を相手の腰に横から当て、
写真③　両膝を倒す動きに合わせて相手の腰を手で押し、倒す。

〈力学的原理と脳力開発のポイント〉
写真①　相手は手に体重を乗せて首を絞めに来ているので、その手を振りほどくことはできません。相手の手を離そうとせず、手を置き自分の胸に押し付けます。気道が確保できれば振りほどかなくてもよいのです。
写真②～③　相手は手に体重を乗せているので、腰は浮いています。腰を押せば簡単に倒せます。「全面観察」の法則と「有利な条件を使う」法則です。

脳は訓練や経験で、いろいろな見方、考え方ができるようになって来ます。それは、急場をしのぐ方法を見つけられる可能性でもあり、いざという時に固まってしまわないためのベースでもあります。
脳が働いてくると、身体と精神に良い循環をもたらしてくれるのです。

2）対馬乗り首絞め　横押し倒し

1 寝ている間に首を絞めに来られたら、その手を自分の胸に押し付けるようにして気道を確保し、膝を立てる。

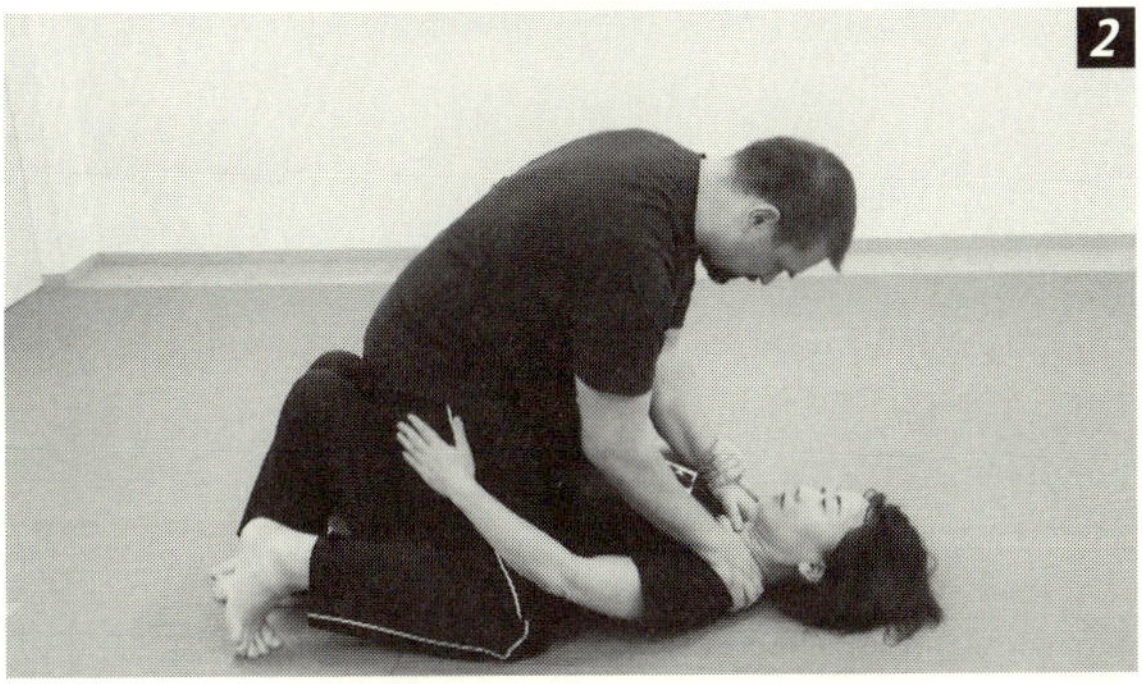

2 手を相手の腰に横から当て、

3 両膝を倒す動きに合わせて相手の腰を手で押し、倒す。

さまざまなシチュエーションの技法をご紹介してきました。

実は、どれも似たような、力学的原理と脳力開発のポイントをもってクリアできることがおわかりいただけたのではないでしょうか。

身体の動かし方としては、それはもうもちろん、実に多種多様になってきます。しかし、それをシチュエーションごとの別個のテクニックとして覚え込まなければならないかというと、そうではありません。

まずは、脳が働くことです。

脳が働けば、動くべき方向性はおのずと見えて来ます。そうなれば、体もおのずと〝動き〟を見つけ出してくれるのです。

第5章

肉体の問題は“脳”が解決する!

❶ 脳は自由、行動選択も自由

人の行動は、問題が起こった時、「目を背けるか」「問題を受け止め、取り組むか」の二つに一つの選択となります。本質的に言えば、現状維持か現状打破かの二者択一になります。どちらを選択するかは、その人が生まれてこの方作り上げられた行動の癖や習慣となっています。

問題が起こった時に、何でこんな問題が自分に降りかかってくるのだと嘆き、その問題が通りすぎるのを待つ人がいます。でも問題は通り過ぎてくれず嘆き苦しむことになります。一方、その問題を受け止め「問題が起こったのは仕方ない。さあ、どう料理しようか」と問題解決に取り組む人もいらっしゃいます。その方は「さあ」と言った時から問題解決への探究が始まっています。その取り組みが上手くいかなくても、次の解決の糸口を見つけさらに前に進みます。生きていることを実感し、楽しい人生になっていることでしょう。人生においては、その探究自体が、上手く行かないプロセスも含めて楽しんでしまえるものなのです。

問題解決への入り口が見つかるか否か、これは護身が必要になる急場で対処できるか否かと、まったく共通しています。

誰かに襲いかかられ、危険が迫っている、この状況を何とかするには、主体的にこの状況を受け止め、把握し、能動的に思考して行動する、それ以外にはありません。首をすくめ、身を固めている間に過ぎ去ってくれるのならば、そもそも問題でも、大した危険でもないのです。

問題が起こって「目を背けるか」「取り組むか」、それを選ぶのは脳です。脳はどちらでも選べるようになっています。難しい問題にぶち当たると尻込みしたり、避けたりするように固定されているわけではありません。どちらを選ぶかは本人の自由です。

〝嫌だ嫌だと嘆き苦しむ人生〟と〝嬉々として問題に取り組む楽しい人生〟とどちらが良いでしょうか。どちらを選ぶかは本人の自由ですが、せっかくの人生ですので楽しく生きる方を選択しましょうと護身道では提唱しています。

まずは二者択一の戦略決定をすることです。戦略を決めると脳も体もその方向に動き始めます。

2 心に強く決めることが身を護ってくれる

自分は力が弱いし、武道やスポーツの経験がないから体が動かない、という方は、緊急事態の時は足がすくんで動けないのでは、と心配だと思います。難しい問題に出会ったとき、「嫌だな嫌だなと尻込みする」習慣になっている方もいらっしゃると思います。「嫌だな嫌だなと尻込みする」のと、「襲われた。仕方ない何とかしてこの場から逃れよう」とどちらを選択するかは自由です。自由であれば自分にとって良い方を選択する方が良いのは自明です。

暴漢に襲われた時は、まず「この場から逃げる」と心に強く決めることです。脳が指令しないと体は動きません。〝逃げる〟という選択も、強い決心がベースになっているのです。

逃げられたらいいなぐらいの気持ちでは、決めた程度の動きしかできません。横から腕を取られ連れ去られようとしたとき、「嫌だな嫌だな」と思い腕を振りほどこうとします。振りほどくことができず、何でこうなるのと嘆いている間に車に引きずり込まれてしまいます。

いざという時に動けるか、は体の問題ですが、実は大部分は脳ないし心の問題が占めています。「この場から逃げる」と心に強く決めますと、護身道の力学的原理を知っていなくても、体が固まっていても、噛み付いたり、目・鼻を叩いたり、足を踏みつけたり、できることをして何とかしようとします。人間の行動は全て、脳の指令によって実現されます。

競技のように勝たなくてよいので、相手より強くなくてもいいのです。自分の身が護れればいいのです。武道の試合ではないので、禁止技の急所攻めも積極的に使っていいのです。その場を逃れるために、相手を少しの間ダウンさせることを考えます。

暴漢に襲われた時、「この場から逃げる」と戦略決定すれば、体はそのように動きます。「この場から逃げる」と決めた以上は、その場にあるものは何でも活用します。椅子、鞄、コート、上着等で攻撃を防ぎ、砂、石等投げられるものは投げます。植木鉢を窓ガラスに投げ「火事だ」と叫び助けを求めます。脳の働きが、そばにある何でもない物体の有効な使い方をどんどん見つけ出してくれるでしょう。

さらに前述のように、噛み付いたり、目・鼻を叩いたり、足を踏みつけたり、とできる限りのことをします。

戦略をしっかり決めて、戦術・手段は柔軟に対応することが重要です。

護身道の力学的原理のようなことを知っていたり、訓練しているとより有利にことが運べるようになることは言うまでもありません。

３ 脳の「かせ」を外すための訓練

問題が起こった時、だいたいいつも目を背け、問題を避ける行動をとってしまう、というのは、生まれてから長年かけて作ってきた癖・習慣です。その癖・習慣が行動を縛る〝かせ〟となり、同じパターンの問題を引き起こします。その〝かせ〟を取るためには、「目を背けるか」「問題を受け止め、取り組むか」の二者択一を意識して行動を選択し、実行する訓練を繰り返し行うことが必要です。癖直しですので時間がかかりますが直すことはできます。この訓練は日常的に行なうことができます。

自分の身の回りの小さなことから、具体的な問題を取り上げ、一つ一つ訓練してみることです。

次に日常的訓練の例をご紹介します。それを参考に、はじめは実行が簡単な問題から始めることをお勧めします。

1）主体性を養う訓練

ある問題に対して、「目を背けるか」「問題を受け止め、取り組むか」の二つに一つの行動を無意識に取ります。ここでひと呼吸おき、それとは別の対応方向はないか考えてみます。一つの行動と別の対応方向はどちらが、その場しのぎでない自分の本来の希望に対して合致しているか、納得のいく結果になるかを考えてみます。合致している方向を選び、その方向で意識して行動します。

行動の仕方が分からなければ調べたり、人に聞いたりします。うまくいかなければ別の方法を考えます。できるまでやってみます。戦略を決めたら諦めないこと、あの手この手で攻めます。その過程が楽しいと思えてくることでしょう。だって、確実に目標に向かって「主体的に」近付いていっているんですから。

①　夫婦関係の改善

奥さんから、〝家庭のことをしなさすぎる〟と小言を言われたりしている旦那様は、少なからずいらっしゃるでしょう。その時、聞き流したり無視したり、「仕事で疲れている」と逆に怒ったりすれば、関係が悪くなります。

このようなことは日常的によく起こっているのではないかと思います。癖・習慣ですので、同じような事象が起こると毎回同じ反応をするものです。

逆のことを意識してやってみることです。自分の行動を反省して、奥さんの言われることをしっかり聞き、自分のできる家事を手伝うのです。

夫婦関係がギクシャクしているのであれば、行動しなければと思っても、なかなか体や手が動かないと思います。その時は、上位の戦略問題である、「仲良くしたい」のか「別れたい」のかを選択し、気持ちを固めると行動しやすくなります。

「仲良くしたい」を選択するならば、奥さんの家事を助けることです。食器を洗い（あるいは食器洗い機にセットする、程度でも）、布団上げ、風呂掃除、玄関の靴並べ等、できる事を継続して実行します。奥さんが「自分のことを考えてくれている。家事を手伝ってくれている」と感じられれば、夫婦関係の改善が期待できます。

「別れたい」という選択については詳細は割愛しておきますが、それはそれで主体的な取り組みになるでしょう。

駄目だとわかっているけどいつもの対処をしてしまう、そんな状態から、望ましい状況に自ら変える主体的姿勢に転じてみる。

そうすれば、必ず問題は解決します。

② 自治会やＰＴＡの役員等を頼まれる

自治会やＰＴＡの役員をやってくれと頼まれることがあると思います。できればやりたくない、という方もいらっしゃいますし、積極的にされる方もいらっしゃいます。

やりたくないという方は話を聞き終わらないうちに、瞬間的に断っているのではありませんか。主体的に〝やりたくない〟というよりは、もう、そういうものだと決めつけている、そういう断りなのではありませんか。

癖・習慣を変えるために、一度役員を受けてみるのも一つの手です。なぜなら、そうして経験してみることで、有意義なのか否かが具体的にはっきりするわけですから、その後の〝役員職〟に対する態度も主体的になります。

やってみれば、地域の方との新たな関係ができたり、みんなで地域のことを考えて、地域のために何かするやり甲斐、楽しさがあったりします。どちらを選ぶかは自由ですが、受けた場合の〝行動することの大変さ〟だけに一面的にとらわれることなく、良い面も考えてみたいものです。

③ 〝主体性〟を養う身体的練習法

〝問題〟から反射的に目を背けずに、しっかりと受け止める肉体的な練習法を一つ、ご紹介します。

次ページ写真のように二人向かい合って、一方ができるだけ威圧的に〝ズイッ！〟と詰め寄ります。

この時に詰め寄られる側は、最初は〝嫌だな〟と思い、次に、自分の肉体的な丹田を意識して、そこで相手の主張を受け止める意識で迎え撃ちます。

〝嫌だな〟と思いながらだと、つい肉体的にも腰が引けてしまいます。詰め寄った側は、自分が拒否されたと感じ、さらに威圧的に詰め寄らざるを得なくなります。

物事を“主体的”に受け止めるための練習法

向かい合った二人のうち一方が、“ズイッ！”と詰め寄ります。その時、詰め寄られる側は心の中で“嫌だな”と思います。次に、丹田を意識して、詰め寄って来る相手の主張をその丹田で受け止めるような気持ちで迎え撃つのです。

“嫌だな”と思うと、思わず腰が引けてしまいます。詰め寄った側は自分が拒否されたような気分になるので、さらに勢い付けて詰め寄るしかなくなります。

一方、丹田で受け止めると、詰め寄られた側は肉体的にも精神的にも揺るがず、詰め寄った側は自分の要求がまともに受け入れられて返された気分になるので、逆に腰が引けてしまいます。

丹田で受け止める

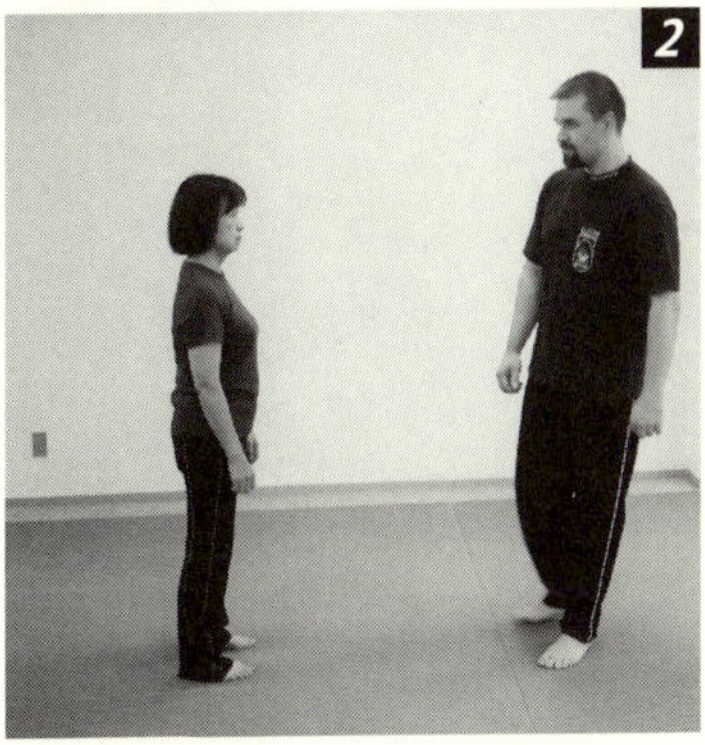

“嫌だな”と思う

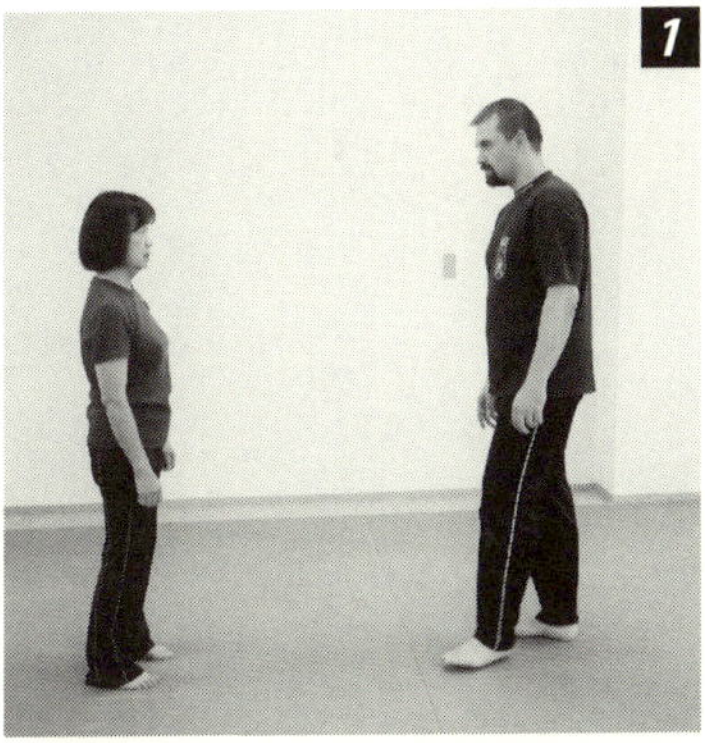

一方、丹田で受け止めると、詰め寄られる側は肉体的にも精神的にも動じなくなります。詰め寄った側は、まるで自分の主張が全部まともに受け止められ、そのまま返ってきたような感覚を覚えます。そして逆に腰が引けてしまいます。

普段から毅然とした人は、襲われにくく、オドオド、ビクビクした感じの人はターゲットにされやすいそうです。それには、こういうメカニズムも含み持たれているようです。

〈ある職場での事例〉

〝丹田で受け止める〟感覚は、そのまま実生活、日常に応用されるものです。

これはある職場での例ですが、資料作成の仕事で、あるスタッフはいつも現場の責任者から文句を言われていました。

そして言われたことを受け止めずに、嫌だなと思いながら建前の受け答えをしていました。すると、これでもかと、さらに文句を言ってきます。もしかしたら仕事上の落ち度以上の叱責だったかもしれません。

そこで、責任者の言い分をいったん腹で受け止めるようにしました。要求されたことが自分の仕事と思えば「私がやります」と言って夜を徹してでもやります。どう見ても相手の仕事と思えば、それはあなたの仕事ですと腹を決めて返します。すると相手は「わかった」と引き下がるようになりました。

以後、必要以上の文句を言ってくることはなくなり、その後は関係良く仕事ができるようになりました。

これは、いじめの構図に近いのではないかと思います。

２）協調性を養う訓練

護身技法の章では〝相手の力とぶつからない〟という形で何度も登場したこの〝協調性〟という要素は、もちろん日常生活においても大切な要素です。

〝誰に対しても愛想がいい〟ようなイメージが浮かぶかもしれませんが、それは必ずしも正しくありません。〝相手の立場に立って考えられるか〟ということが大切です。

別にいつもニコニコしているキャラクターでなくとも、この〝相手の立場に立つ〟ことができるようになると、日常のいろいろなことが上手くいくようになってきます。

① 用事を頼む

例えば家族に銀行振込みを頼む、などという時、やってくれる時はやってくれているのに、時々断られる時があります。受けてくれて当然と思っているので、そこでこちらは腹を立てたりしてしまうのですが、怒ったところで受けてはくれません。

相手の立場に立たず、〝受けてくれて当然〟と思いながらする依頼は、たとえ家族でも、親しい仲でも面倒に感じるものです。

依頼を受けるか否かは相手の判断次第なのですから、相手が受けやすい状況を作ってやることが大切です。

自分が依頼される側だったら、どうだったら受けやすいだろうか、どうだったら面倒に感じるだろうか、そういう観点から考えれば簡単です。

振込みならば、作業しやすいように振込先の情報を不足なくメモで準備し、自分のカードと暗証番号を添えて依頼します。現金を渡した方が簡単、という判断もあるでしょうね。

そのように必要なお膳立てを整えて、その先依頼を受けるか受けないかは相手の判断です。

「できることをして、できないことはしない」法則です。相手が依頼を受けやすいように準備をすることは〝できること〟です。相手の判断を変えさせることは〝できないこと〟です。相手が受けてくれないからといってイライラしたり、怒鳴ったりして、受けてくれるように無理強いしても関係が悪くなるだけです。そんなことをする前に、〝できること〟を最大限、やらねばならないのです。

これは、行政に何か依頼する時でも、会社の取引においても全て同じです。

大げさですが「人事を尽くして天命を待つ」です。

② 頼まれたことを断る

とはいえ、人生には断らなければならない場面も多いものです。

例えば地区の委員を頼まれる、などという時、話が出た瞬間から、早く断らなければと、受けることができない理由を言い始める方がいらっしゃいます。

それはそれで確かに断る正当性の主張なんですが、依頼する側からみたらどうでしょう。

この人は自分の依頼をまったく聞いてくれるつもりがない、と嫌な気分になるでしょうね。

断る時こそ、相手をしっかり受け止めて話を聞くことです。終始、相手の立場に立って話をすれば、後味が悪くならないと思います。相手だって、引き受けてくれる人が見つからないで困っているかもしれません。そういうことを理解した上で、それでも断らざるを得ない理由として切り出すのなら、きっと相手も気持ち的に納得してくれるでしょう。

③ まったく興味の持てなかった文化に飛び込んでみる

文化が多様化し、モノがあふれかえっている現代では、興味の持てないものにはさっぱり持てない、そんな感じなのではないかと思います。

でも、同じ人間が志向するもの、まったく理解できない訳はありません。

例えば、メイド喫茶に飛び込んでみろ、とは言いませんが、たとえそういう趣味がなくても、そういうものを好む気持ちくらいは理解しよう、としてみたらいかがでしょう。「あれがカワイイというのもわからんでもないな…」くらいにはきっと思える、それはある意味、他者の立場に立つことでもあります。

自分は将棋好きで囲碁にはまったく興味がなくやったことがない……けれども、やってみたら、将棋にはない囲碁特有の思考法が理解できてくるでしょう。

別にハマる必要はありません。けれども、シャットアウトではなく理解すること、これは脳の働きにおいては雲泥の差があるのです。

④〝ぶつからない〞

前章までさんざんやってきたことではありますが、ここでもう一度だけ、護身技法の力学的構造を考えてみましょう。

相手の力とぶつからない、これはもうご理解いただいていると思いますが、だからといって全面的に相手に従っているのでは、それはそれで話になりません。

日常的にはそういうタイプの方も少なくないのではないですか？　主張できる相手には主張するけれども、上司には絶対服従！　みたいな。

そうではなく、相手の力に逆らわないルートで、自分の主張も成立させる、ということが必要なのです。護身技法で言えば、どの方向には動けない、どの方向には動ける、ということを感じとりながら動きを見つけ、作って行く、ということが必要なのです。

次ページ写真の技法もその一つです。

相手が抗《あらが》いにくいルートとして、ここではスパイラルに崩し落としています。このような軌道の力は相手にとって抗いにくいものとなります。

逆らうのでも盲従するのでもない、その結果としての〝スパイラル〞……他のさまざまな事象にも形を変えて顕われているような気がします。

〝スパイラル〞は、平面的な見方をすると、後戻りしているようにも見えます。でもその実、開始点とは違うある結論に確かに向かっています。

そんな進め方も、ありますよね。

対胸取り　巻き込み投げ

相手が左手で胸を取り、押して来た時、

左手を相手の左手に乗せ、

左足を一歩踏み出し、

左肘を相手の胸に当てるようにして、

スパイラル状に引き落とす。

3）多面性を養う訓練

両手をつかまれた時、その手だけを見るのではなく、いろいろな所をさまざまな角度から見ると、それまでとは全然違う実像が浮かび上がり、解決策が発見できました。物事は一方向から見るのではなく、多面的に見なければなりません。それは、日常的にもまったくそのまま言えることであり、それだけに、日常の中にこそその訓練法はあふれています。

① 嫌いな相手と上手くやる

例えば、職場に個性がきつい方がいて、どうにもやりにくさを感じます。

部署を変わりたいと思うくらいです。それが上司だと、そう思うのも無理はありません。

でも、これからもいろんな人と出会う人生が待っています。それで、嫌いな人と出会う都度逃げるのですかと自問します。結婚して家庭を持っても、近所に嫌な人がいることがあります。都度引っ越すのですか？

まず、しっかり現状を受け止めます。その人の存在も受け止めます。それだけで必ず状況は変わってきます。

逆に、ここは逃げないと自分がダメになると腹をきめた時は逃げることに全力を注ぎます。そうせざるを得ない相手だっているでしょう。でも、そのように最終的に判明するまでは、やれることをやろうじゃありませんか。

いろいろな見方をするのです。相手はただ〝嫌いな人〟ではありません。あなたが嫌いだと感じているのは、きっと一面にすぎません。

言い方がどうにもキツい、それはある意味、「率直さ」の顕われです。裏表のない性格でもあるのかもしれません。その上司の言葉はいつも「いやだなあ、早く終わらないかなあ」と思いながら聞いていたけど、よくよく考えてみると、どれも当たっていることばかり。さらに考えてみれば、こんなに率直に指摘してくれる上司は今までいなかった。小言を言うのは上司の立場にしたって嫌なことのはずだし、エネルギーの要ることのはずだ。それを言ってくれているこの上司は、もしかしたら自分にとってこの上なくありがたい存在なのではないか、……というような考え方ができるようになったら、もはやこの上司は〝嫌なヤツ〟ではありません。

そもそもこの世の中に、単純に〝嫌なヤツ〟なんているのでしょうか？

至らないのは、自分の見方の方なのかもしれません。

② 人の流れを読んでみる

人混みを歩くのが好き、という方もあまりいないでしょうね。

人混みでは自分の思うようには歩けません。ぶつかりそうな相手は避けてくれる場合もありますが、自分が避けなくてはならない場合も少なくありません。

そんな時、「なんで避けなきゃいけないの？　嫌だなあ」とばかり思ってしまうのはつまらないですよ。人が動くにはすべて理由があります。その理由を読み取ってみるのです。それがわかると、自分にとっ

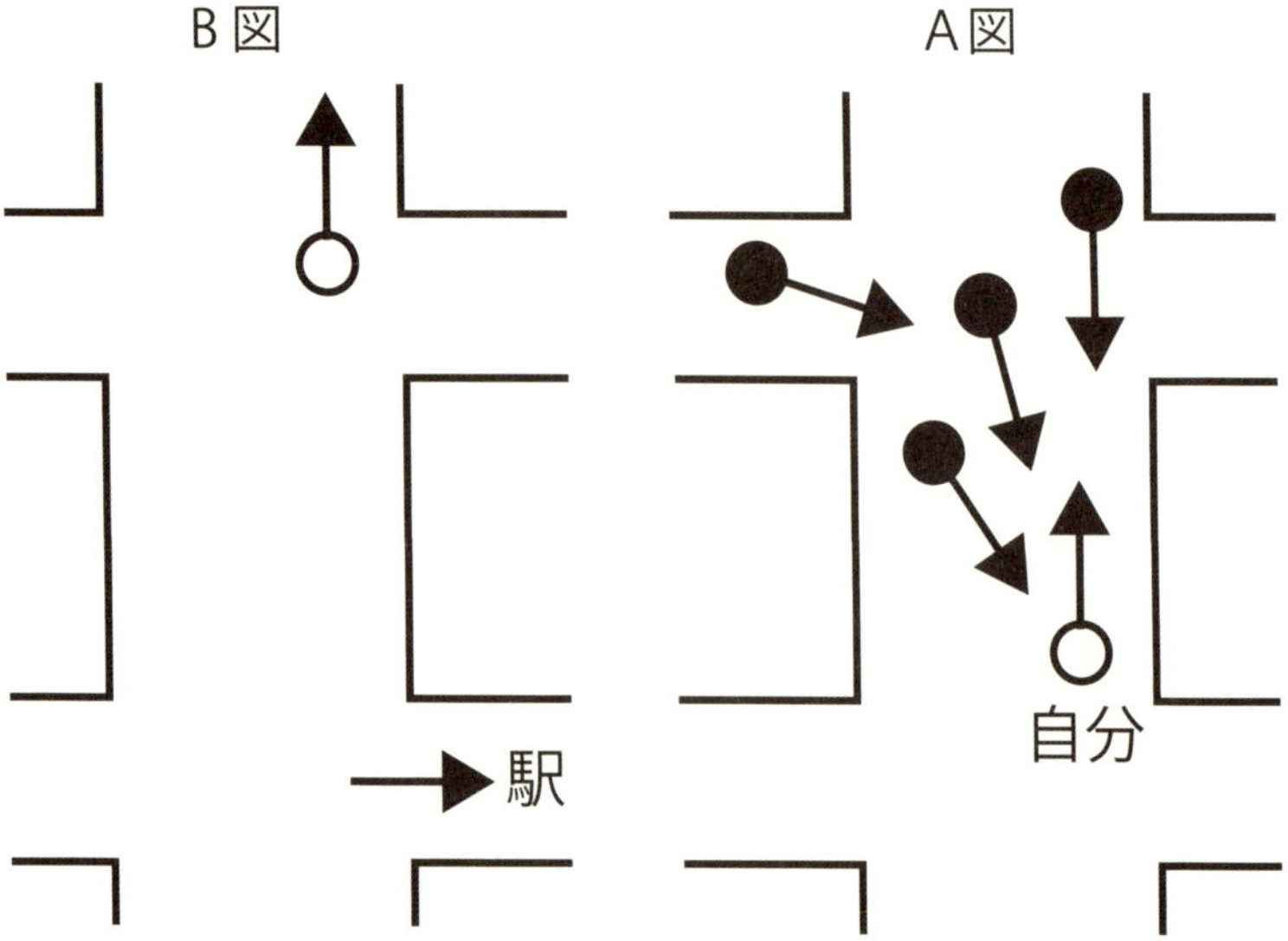

て都合の悪い動きでも、何となく受け入れられるものです。

あなたは毎朝、上のA図のような道を通って通勤しています。でも、あなたはここが嫌いです。なぜなら、なぜだかはわからないけど、反対側に向かう人が皆、自分にぶつかってくるように感じるのです。

自分は右側通行を遵守しているのに、どうしても対向の人たちは皆自分の方向に向かって来るのです。

ここは「嫌だなあ」で片付けず、この人の流れの〝理由〟を突き止めてみましょう。さまざまな角度から見てみるのです。

自分があまりにもカッコいいので、嫉妬した人たちが嫌がらせをしている？……

やや手前勝手ながら、仮説を立てるのは意義のあることでしょう。見方を変えるのも、有意義です。

すると、何てことのない、あることに気付きます。

多くの人が向かっていた先は自分ではなく、「駅」だったのです（Ｂ図）。

駅は自分の背後右方向なので、道の右側を歩いていると、どうしても駅を目指してショートカットしようとする人たちとぶつかりあう関係になる訳です。

もちろん、自分だって「駅」の存在を知らないでいた訳ではありません。でも、対向の人たちとぶつかりあっている時点では自分の背後にある存在なので、思考に入っていなかったという訳なのです。

このように、人は当たり前と思えるようなことでも、大いに見逃してしまっています。時に、いろいろな見方をしてみましょう。

③ 普段見えていないようなところに注目してみる

我々が普段見ている物なんて、この世界のほんの一部です。手をつかまれたらその手しか見えなくなってしまうくらいですから。

時には、日常触れて馴れ親しんでいる物の、普段見えてない隠れている部分に注目してみるのも脳のトレーニングになります。

例えば電車。電気でモーターを動かして走っていることは誰でも知っていますが、そのモーターは、どのくらいの大きさのものが、車両のどこに組み込まれているのでしょうか？

乗っていて目に入る範囲でも、何だかその用途がよくわからない装置もあります。壁に貼り付いた、あの小さな無線機みたいな装置は何なのでしょう？

電車の天井というのは、背伸びして手を伸ばしたら届くくらいだったろうか？……なんて疑問は、乗っていない時に浮かぶと無性に気になってきませんか？　試したことのある人も少ないでしょうから。

仕事上の問題でも、目についている部分だけで考えている内は解決できないのかもしれませんよ。

4）〝中心志向〟を養う訓練

枝葉でなく物事の中心に意識を向ける、ということも重要でした。でも、人間はその枝葉部分に気を取られてしまうように、できているのかもしれませんね。

日常においても、あまり枝葉の部分だけでああだこうだしていると、問題が一向に解決しない、ということになります。

物事の本質、核心を見極める目が必要です。というと、相当な能力のようにも思えてしまうかもしれませんが、まずはその〝中心に目を向ける習慣〟が身に付くだけでも十分だと思います。何が〝中心〟か、何が一番大事な部分なのか、ということを考えるのもまた、よい脳のトレーニングになります。

①　意見された時、なじられた時の対応

例えば家族に「自分中心、言葉が足りない、人の話を聞いていない」などと指摘された時、売り言葉に買い言葉で言い返したり、黙り込んで無視したり、といった反応をしてしまいます。

やはりこのような場合も相手を受け止めることが必要です。家族だからという甘えがあり、なおざり

な対応になっている場合が多いと思います。

指摘された言葉に個別に対応しようとしてもなかなかできません。またできたとしてもまた別のことを言われます。中心的・本質的原因は家族を大切に思う心が弱くなっていることなのではないですか。つまり、家族があなたにそんなことを言ったのは、個々の要素をいちいち直してほしかった訳ではなくて、〝大切に思って欲しかった〟だけなのかもしれません。

家族以外の場合も同じです。

②　漠然とした不安への対処

将来への不安というのは、誰もがそれぞれのものを抱いているのではないかと思います。

例えば田舎住まいで、子供たちは都会に出て暮らしている。田舎のこの家をこのまま残しても、子供たちはこの土地になじみがないので、まず住まないだろう。空家にしておくと瓦が飛んだりして近所の方に迷惑をかける、最悪は危害を加えることもあると思うと、胸が締め付けられ夜も寝られなくなる、なんてことにもなります。

こういうことは漠然と不安に感じていてもどうにもなりません。もしかして子供たちが「住みたい」と言ってくれるかもなあ、なんてことを思っていても仕方ありません。

この不安を解消するにはどうしたらよいのでしょうか。この問題の〝中心〟を考えます。今できることを洗い出すのです。

1　解体費用を見積もり、予算を確保する。
2　相続順に田舎の家と土地がいるかどうかを確認する。
3　全員いらないと言ったら、売却を検討する。
4　売却できない時は、解体を段取り、費用をつけて相続する。

これ以上考えようがない、動きようがないところまで詰めておけば、同じことで不安にならなくなります。あとは決めたことを淡々と進めるだけです。「できないことはせず、できることをやる」の法則です。漠然としているように思っていた不安も、実はその解消策は具体的で難しくないものだ、ということがわかります。これがあなたを不安にさせていた問題の〝中心〟だったという訳です。

③〝何をしなければならないか〟を見極める

次ページの写真は。顔面を突いてきた相手に対する、鍵手での対処法です。

相手の突きを鍵手に乗せるようにして引き流します。

こんな風でちゃんと受けになっているのか、と不安に感じる方も多いでしょうね。もっとガチッと弾き返したり、ガッチリつかんだりしなきゃならないんじゃないかと。

さて、ここで〝中心志向〟です。この急場をしのぐために、本当にそんな受けをしなければならないのでしょうか。

〝相手の力に逆らわない〟というのが本書の基本コンセプトです。ここでの受けも、相手の突きの方

対上段突き　鍵手受け肘当て

1

相手が左手で顔面目がけて拳で突いてきた時、

2

相手の拳を鍵手にした右手の甲の上にのせ、密着させたまま、相手が突く方向に引いていく。

3

腰を切り、突っ込んでくる相手の腹を、とがらせた左肘にぶつからせる。

向に逆らわず、添わすものです。自分からそらして流すには、それで十分ですから。

相手の力の方向とこちらがそらし流す方向は同じですから、この操法で十分なのです。相手は自分がやりたい方向でやらせてもらえているのですから、そのままやろうとするだけです。その手をつなぎ止めようとする必要はありません。

見た目や印象、先入観に支配されたまま行動すると、物事の〝中心〟、本質とは無関係な、無駄な動作をしてしまいがちです。相手の手をどうにかしようと追いかけ回していたら、結局次の攻撃、その次の攻撃、と繰り返してくる相手にやられてしまいます。

この問題の〝中心〟をつくのは実に簡単でした。

相手が向かってくる方向、イコールこちらが相手を誘導している方向に、肘を差し出せばよいだけだったのです。

〝中心〟とは、すなわち「今、本当にしなければならないこと」のことです。

そういう観点をもって物事に臨むと、護身も、日常生活も違ってくるのではないかと思います。

④〝印象〟の本質を見極める

私たちは日常、さまざまな広告やＣＭを目にしています。その中には、さほど注意を向けないでなんとなく見ている、そんなものの方が多いと思います。

なんとなく見ているだけでも、自分の中でなんとなくでも好印象のものと、なんとなく好きでないと感じているものとがあると思います。

好きなタレントが出ているから好き、なんていうわかりやすい図式のものもありますが、そうでなくとも、なぜだかわからないけど好き、なぜだかわからないけど嫌い、というものも少なくないはずです。

広告には実にさまざまな要素が包含されています。出ている人物が誰か、何を宣伝しているものか、色合い、デザイン、キャッチコピー、使われている文字の種類、全体的なセンスの種類……、あげればキリがありません。そのどれかが、あなたに〝好印象〟ないし〝悪印象〟を与えているのです。

さて、それはどれなのでしょう？

それは、その広告があなたに与えている印象の〝本質〟です。

そんなことを考えてみるのも、脳の〝中心志向〟養うトレーニングになります。

これは広告以外にも応用できます。

車、絵画、小説……

人にも応用できるかもしれませんね。

⑤　なかなか解決しない問題の解決法を考える

身近なところで言えば、生まれてこの方、自分は異性にモテたことがない、とか、何度直してもすぐに屋根が雨漏りしてしまうとか、向こう三軒両隣と十年にわたって犬猿関係が続いているとか。仕事で言えば業績の長期低迷が続いているとか、ちょっとスケールアップさせれば国の赤字体質はどうにかならないのかとか、なぜ世界平和は実現しないのか、などと、なかなか解決しない問題は実にさまざまな形でこの世の中にあふれかえっています。

解決しないのには必ず核心の原因があります。そこにメスが入れられないから長い間解決できないでいるのだ、とも言えるでしょう。

そして中には、解決する労力は大したことないけれども、その〝核心の原因〟が見極められないがために解決できないでいる、というものも少なくないのではないかと思います。

そんな、さまざまな問題の〝核心の原因〟すなわち〝中心〟はどこにあるのか、それは意外に目につかないところにあるのではないのか、そんなことを考えてみるのもよいのではないかと思います。

そう簡単には見つからないでしょう。でも、見逃しやすいところにあっただけで、思いのほか簡単に見つかるかもしれません。

護身も日常的な問題も、〝中心〟をとらえるだけで、革命的に解決します。
大事なのは、それを見つけられる物の見方、考え方です。
それを今、もう皆さんは、手に入れかけています。

<参考文献>

城野宏先生の著書全般を参考にさせていただいております。
今回は特に下記の著書を参考にさせていただきました。

『脳力開発の武道「護身道」』城野宏　竹井出版

『脳力開発のすすめ』城野宏　PHP 研究所

『情勢判断の方法』城野宏　PHP 研究所

『楽しく身につく護身術』遠藤英夫　啓明書房

おわりに

護身道の技は誰でもできる構成になっていますが、ある程度の繰り返し稽古をして、護身道の力学的原理と脳力開発のポイントをつかむ必要があります。

脳力開発のポイントを頭で理解できましたら、脳力開発の法則をまず自分の身の回りで実践してみて下さい。何かが変わると思います。

山口県の護身道教室で皆さんの感想を聞いていると、ある会員の方は「主人に対してカーッとならなくなった」言われました。先日、その後の状況を聞きましたところ「ちょっとできただけでも言ってみるもんやね。最初はできている時間が短かったが、皆さんに言ってからは意識するので大きくなった」と変化に驚いておられました。何か変化がありましたら、ぜひメンバーの皆さんと共有して下さい。より脳力開発への認識が深まると思います。

護身道と脳力開発は楽しみの人生を送るための実践の原理ですが、皆と仲良く協力して暮らしていくことが根本精神です。そのために、脳力開発の法則を使ってみてください。それが楽しみの人生への道だと思います。

実践と共有をお勧めします。

最後になりましたが、本書を書くように環境を整備し、動機付けし続けてくださいました岡嶋先生、出版に当たり視点や力点の置き方などについてアドバイスをくださいましたＢＡＢジャパンの原田伸幸さん、写真撮影等でご協力くださいました皆様にお礼申し上げます。

２０１７年11月

日本護身道協会　会長　時藤稔明

〈監修〉

岡嶋邦士（おかじま　くにお）

1956 年、大阪府生まれ。
日本護身道協会最高顧問・同審査委員長
合氣道唯心会関西地区本部本部長　10 段
操体バランス協会会長
故城野宏氏の脳力開発を学んだ御縁で、1995 年から日本護身道協会の遠藤英夫先生より、マン・ツー・マンの指導を受け、1997 年関西本部本部長兼専務理事に就任する。2010 年に 9 段を認可され、2012 年に会長に就任する。2015 年に時藤稔明氏に会長職を譲り、最高顧問として、護身道の育成及び指導・普及に当たる。

日本護身道協会　本部・支部・研究会　連絡先、指導者

本部　〒 556-0013　大阪市浪速区戎本町 1-7-14　アテネビル２Ｆ
TEL & FAX.　06-6632-1668　http://goshindo.jp/
岡嶋邦士・小宮英秋

東京支部　tokyo@goshindo.jp
稲垣寛

山口支部　柳井護身教室　tokifujitoshiaki1953@yahoo.co.jp
時藤稔明

神戸護身道研究会　mpkw48687@ares.eonet.ne.jp
松岡勝彦

広島護身道研究会　sprz2bp9@lion.ocn.ne.jp
篠原一寛

オランダ支部　http://goshindo.nl
マタイン・ヴァン・ヘメン　Martijn van Hemmen

〈著者〉
時藤稔明（ときふじ としあき）

1953年、山口県生まれ。
日本護身道協会　会長
天真書法塾　弐段師範
1996年から日本護身道協会の岡嶋邦士先生より、指導を受ける。同年から脳力開発を大阪脳力開発研究会の日比野勤先生より指導を受ける。1999年東京転勤に伴い、日本護身道協会の遠藤英夫先生より指導を受ける。同年より東京情勢判断学会に参加する。2012年に岡嶋会長より7段を認可され、2015年に会長に就任する。現在、山口県にて護身道の育成及び指導・普及に当たる。

装幀：中野岳人
本文デザイン：和泉 仁

脳の力が身を護る！
思考力で窮地を脱する護身道メソッド

2017年12月20日　初版第1刷発行

著　　者　時藤 稔明
発 行 者　東口 敏郎
発 行 所　株式会社ＢＡＢジャパン
〒151-0073 東京都渋谷区笹塚1-30-11 4・5F
TEL　03-3469-0135　　FAX　03-3469-0162
URL　http://www.bab.co.jp/
E-mail　shop@bab.co.jp
郵便振替 00140-7-116767
印刷・製本　株式会社暁印刷

ISBN978-4-8142-0098-6　C2075

BOOK Collection

武道家 茂呂隆に聞く

護身は護心にあり

「武道を日常に活かしより良く生きるためのヒント」　武道特有の身体メソッドがそのまま“心”を護る!　上手に、楽に生きるためのヒントは武道の中にあった!　■目次:トラブルに直面した時に（身体修練が心を変える・その他）／身体の正しい使い方（アウトプット回路の養成・その他）／上達・成長していくために／社会生活への対応

●茂呂隆 著　●A5判　●238頁　●本体1,600円+税

“サムライ” が世界を変える！

―― 今、生きるための武士道

単身、カンボジアに渡り、国内初の日本武道場を設立した、練気武颯拳・武颯塾代表　茂呂隆師範による身体論、日常生活、介護、国際貢献など、様々な切り口から“サムライ”を解き明かす武道エッセイを収録。■目次：カンボジアに武士道を／“サムライ”とは何か?／介護と“サムライ”／“サムライ”と身体／カンボジアより“サムライ”の国へ

●茂呂隆 著　●四六判　●256頁　●本体1,600円+税

ヨガ×武道　究極のメンタルをつくる!

自己と向き合い、他者と向き合う。ヨガと武道でメンタルは完成する!　メンタル・トレーニングの世界に一石を投じる、新たなココロの変革書!　武道人へのヨガのススメ。ヨガ人への武道のススメ。心を真に強くする、絶妙なる組合わせ!　武道もヨガも、単なるフィジカル・トレーニングにあらず!　古来から、強烈なメンタル・トレーニングとしての側面をもっていた両者が出会う時、何をやってもうまくいかなかった「心の強化」がついに実現する!

●小沢隆、辻良史 著　●四六判　●180頁　●本体1,400円+税

空手と禅　身体心理学で武道を解明!

「マインドフルネスが導く〝全方位的意識〟へ」　武道の本質は格闘スポーツではなく、マインドフルネス的活動（「今ここ」の身体を追求すること）だった。呼吸を重視して徒手で単独形を行う空手は、特に禅的アプローチがしやすい。古の達人が到達した境地へ身体心理学から迫る!　すぐに試せる実践方法も紹介!　禅僧・藤田一照氏との特別対談も収録!

●湯川進太郎 著　●四六判　●216頁　●本体1,500円+税

兵法の知恵で万事に勝つ！

武道的感性の高め方

「相手の意図を読む。技の理を体得する。」鋭い勘で人生に勝利するための考え方と実践方法を、武道はもちろん、心理学、占術、宗教、日本文化との関連も交えて明らかにする!　誰にでもできる“五感+第六感”トレーニングも収録。感性をもって、最終章・宮本武蔵「兵法九箇条」を読めば、武道と日本文化の“真価”を想起するだろう。

●柳川昌弘 著　●四六判　●208頁　●本体1,400円+税

BOOK Collection

考えるな、体にきけ! 新世紀身体操作論

本来誰もに備わっている“衰えない力”の作り方!

「胸骨操作」「ラセン」「体重移動」…アスリート、ダンサー、格闘家たちが教えを請う、身体操法の最先端!「日野理論」がついに初の書籍化!! “自分はできてなかった”そこからすべてが始まる! 年老いても達人たり得る武術システムの不思議! 意識するほど“非合理”化する身体の不思議! 知られざる「身体の不思議」すべてを明らかにする!

●日野晃 著 ●A5判 ●208頁 ●本体1,600円+税

サムライ・ボディワーク

日本人が求める身体の作り方は日本人が一番知っていた!

強靭な“基盤力”しなやかな“自由身体”敏感な“高精度システム” カタカナ·メソッドばかりがボディワークにあらず!伝統・古流武術こそが理想のボディワークだった!! 体幹を強化し、全身をしなやかに繋げる!振り棒、四股、肥田式強健術、自衛隊体操、自彊術、茶道、野口体操、弓道 etc. 武道雑誌『月刊秘伝』で紹介された、選りすぐりの“知られざる究極身体法”を収録したトレーニング集!

●『月刊秘伝』編集部 ●A5判 ●176頁 ●本体1,600円+税

古武術「仙骨操法」のススメ

速く、強く、美しく動ける!

あらゆる運動の正解はひとつ。それは「全身を繋げて使う」こと。古武術がひたすら追究してきたのは、人類本来の理想状態である“繋がった身体”を取り戻すことだった!スポーツ、格闘技、ダンス、あらゆる運動を向上させる“全身を繋げて”使うコツ、“古武術ボディ”を手に入れろ!誰でもできる「仙骨体操」ほか、古武術をもとにしたエクササイズ多数収録!

●赤羽根龍夫 著 ●A5判 ●176頁 ●本体1,600円+税

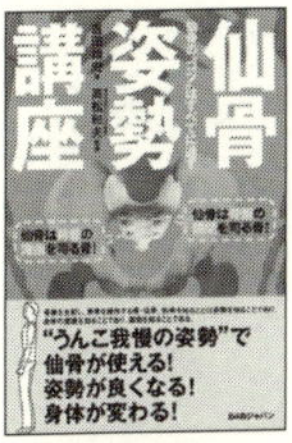

仙骨の「コツ」は全てに通ず

仙骨姿勢講座

骨盤の中心にあり、背骨を下から支える骨・仙骨は、まさに人体の要。これをいかに意識し、上手く使えるか。それが姿勢の善し悪しから身体の健康状態、さらには武道に必要な運動能力まで、己の能力を最大限に引き出すためのコツである。本書は武道家で医療従事者である著者が提唱する「運動基礎理論」から、仙骨を意識し、使いこなす方法を詳述。

●吉田始史 著 ●四六判 ● 222 頁 ●本体 1,400 円+税

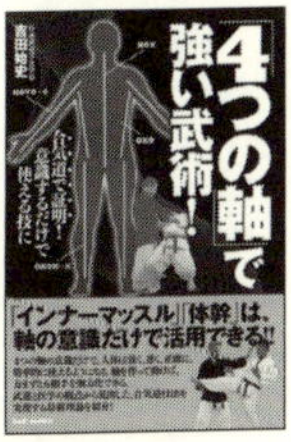

「4 つの軸」で強い武術!

～合気道で証明!意識するだけで使える技に!～

4 つの軸の意識だけで、人体は強く、速く、正確に、効率的 に使えるようになる。軸を作って動けば、力まずとも相手を無 力化できる。武道と医学の観点から見出した、合気道技法を 実現する最新理論を紹介!合気道の上達を目指す方はもちろん、あらゆる武術やスポーツでレベルアップを求める方に!

●吉田始史 著 ●四六判 ●216頁 ●本体1,400円+税

BOOK Collection

まるで魔法!?　一瞬で体が整う!

～理屈を超えて機能する!三軸修正法の極み～

・三軸旋回の物理法則を使う　・修正方向を記号化して唱える　・対象者の名前を数字化して√を開く　・Z 巻きのコイルをかざす　・アナログ時計の左半分を見る　・音階「ソ、ファ」をイメージする ...etc.　どの方法でも体が整う!　凝り固まった思い込みが吹き飛ぶ、こんなコトや あんなコトで、自分も相手も身体が変わる!

●池上六朗 著　●四六判　●184頁　●本体1,300円+税

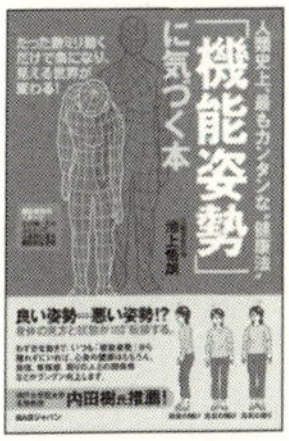

人類史上、最もカンタンな“健康法”
「機能姿勢」に気づく本

機能姿勢とは、その時、その人にとって、心身共に最も機能的な姿勢です。わずかな動きで、いつも「機能姿勢」から離れずにいれば、心身の健康はもちろん、自信、幸福感、周りの人との関係性などがグングン向上します。治療家のバイブル、『三軸修正法』の要点が誰でもわかります。

●池上悟朗 著　●四六判　●200頁　●本体1,300円+税

自然法則がカラダを変える！
三軸修正法

「物理現象から観たカラダの新常識」。三軸修正法は、自然法則からヒトのカラダの再認識を目指します。そこから生み出された科学的な治療法は、凝りや歪みを瞬時になおすことが可能です。本書では、やや難解な物理法則を豊富なイラストと図解でわかりやすく紹介。

●池上六朗 著　●四六判　●288頁　●本体2,000円+税

カラダのすべてが動き出す!　“筋絡調整術”

～筋肉を連動させて、全身を一気に動かす秘術～

なぜ、思うように動けないのか?　なぜ、慢性不調がいつまでも治らないのか?　それは、現代環境が便利になりすぎたゆえに“動物本来の動き”が失われたからなのだ !!　“現代人がやらなくなった動き”この本の中に、それがある!　自分一人でできる!　全身を繋げて運動機能を高め、身体不調を改善する、格闘家平直行の新メソッド!

●平直行 著　●四六判　●192頁　●本体1,400円+税

めざめよカラダ!　“骨絡調整術”

～骨を連動させて、体の深部を動かす秘術～

1人でも2人でも、誰でも簡単にできる!　あっという間に身体不調を改善し、機能を高める、格闘家 平直行の新メソッド。骨を連動させて体の深部を動かす秘術、武術が生んだ身体根源改造法。生活環境の変化に身体能力が劣化した現代において、古武術より導き出した「骨絡調整術」を現代人にマッチさせ、その神髄をサムライメソッドとして収めた潜在力を引き出す革命的な身体調整法です。

●平直行 著　●四六判　●180頁　●本体1,400円+税